U0112053

大展好書　好書大展
品嘗好書　冠群可期

運動遊戲 11

仰　泳
技術與練習

吳河海等　主編

大展出版社有限公司

內容提要

　　游泳是一項水浴、空氣浴、日光浴三者結合的體育運動項目。經常游泳對提高身體各器官、各系統的功能有良好的作用，能強身健體、促進身心健康，還能健美、減肥以及防病、治病。因此，游泳一直深受人們的喜愛。

　　爲滿足廣大游泳愛好者的需要，尤其是少年兒童學游泳的需要，使他們懂得一些游泳的基本知識，儘快掌握游泳的基本技術，我們特地編寫了這本書。

　　本書主要介紹仰泳（仰式）的技術、學仰泳的練習方法以及如何才能游得遠、游得快；還介紹了仰泳的出發、轉身技術和仰泳的發展概況、比賽規則、等級標準、優秀運動員以及有關趣聞。

　　本書的敎學、練習方法具體，內容實用，圖文並茂，既可幫助初學者學仰泳，也可幫助仰泳愛好者提高技能。

　　本書可作爲少年兒童自學的課本和家長輔導孩子游泳的敎材，也可作爲中、小學游泳敎學和游泳

場游泳班的教材,並且也是其他游泳愛好者的良好參考書。由於水準所限,本書難免有不足之處,歡迎廣大讀者批評指正。

一、仰泳概述

二、仰泳技術介紹

三、學仰泳的步驟及計劃安排

四、下水前的熱身運動

五、熟悉水性

六、仰泳技術練習

七、利用浮具學仰泳

八、仰泳出發與轉身

九、怎樣才能游得遠

十、怎樣才能游得快

十一、仰泳知識介紹

一、

仰泳概述

什麼叫仰泳
仰泳的由來與發展
中國仰泳的水準

一、仰泳概述

1. 什麼叫仰泳

仰泳是因人體在水中以仰臥姿勢游泳而得名。游泳時，只要是身體仰臥的泳姿都可稱為仰泳。現代的競技仰泳，身體仰臥水中，兩腿上下交替打水，兩臂經空中向前移臂後在體側輪流向後划水。仰泳的速度僅次於爬泳和蝶泳。

2. 仰泳的由來與發展

仰泳的歷史也較為久遠。18 世紀時就有了關於仰泳技術的記載。最初的仰泳，是在游泳中仰臥漂浮作為水中休息。後發展為仰臥水上，以兩臂同時在體側向後划水，兩腿做蛙泳的蹬夾水動作游進的技術，亦稱為「蛙式仰泳」或「反蛙泳」。

1900 年第二屆奧運會上開始設立仰泳項目的比賽。自 1902 年出現爬泳技術後，就開始有人在游仰泳

時，採用類似爬泳的兩臂輪流向後劃水的技術，腿仍舊用蛙泳蹬水動作，以後再發展到將兩腿動作改為上下交替打水的技術。

1912年第五屆奧運會，美國運動員赫布爾採用了這種爬式仰泳的技術獲100公尺仰泳冠軍，證實了爬式仰泳技術的優越性。從此，在仰泳比賽中，爬式仰泳取代了蛙式仰泳。

以後，仰泳技術不斷發展，1968年奧運會，民主德國運動員馬特斯採用大屈臂、深划水、強有力的打腿技術，身體平而高，在男子100公尺仰泳比賽中，以58.7的成績，第一個突破1分大關，並獲得金牌，成為仰泳技術發展的轉折。

1999年男、女100公尺仰泳世界紀錄分別是53.60和1：00.16，是由美國的克羅斯伯格（1999年）和中國的賀慈紅（1994年）創造的。

3. 中國仰泳的水準

中國的仰泳，在新中國成立後進步很快，1953年世界青年聯歡節上，中國優秀運動員吳傳玉在男子100公尺仰泳比賽中，奪得金牌，為祖國爭得了榮譽。這是中國運動員第一次在世界性體育比賽中獲得冠軍，五星紅旗第一次在國際體壇上空升起。但中國仰泳項目與其

他三種姿勢相比，仍較落後。

進入 90 年代開始有了可喜進步。林莉在第十一屆亞運會上奪得女子 200 公尺仰泳金牌，1994 年第七屆世界游泳錦標賽上，賀慈紅創女子 100 公尺仰泳世界紀錄並獲冠軍。

二、
仰泳技術介紹

身體姿勢

腿部動作

手臂動作

呼吸

完整配合動作

二、仰泳技術介紹

　　仰泳是身體仰臥水中，兩臂輪流在體側向後划水，兩腿交替上下打水，多採用打水 6 次，划臂 2 次，呼吸 1 次的配合技術，仰泳的配合技術連續動作如圖 1 的①～⑫。

①

　　左臂在肩的正前入水，手臂伸直，手掌朝外，小指領先入水。右臂已完成划水動作，開始向上提臂。左腿向斜上方踢水。

②

左臂入水後，直臂向下準備抱水。右臂向上提出水面。

③

　　左臂向側下方勾手腕、屈肘抱水。右臂繼續向上移臂。右腿處於向下打水的最下方，準備向斜上方踢水。

④

　　左臂繼續向後划水，屈臂程度逐步加大，手掌幾乎正對後方。右臂在垂直面上向前移臂。右腿開始向斜上方踢水。

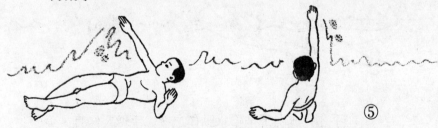

⑤

　　左臂划至肩側時，屈臂程度最大，肘關節約成 90°～100° 角。右臂繼續前移，手掌心開始轉向外。

　　左臂開始向後推水。右臂移至肩上方，手掌轉向外。

　　左手向後推水至髖部，手掌靠近身體，準備繼續向後下方推水。右臂繼續在垂直面上前移。

　　左手在完成向下推壓水動作之後，手臂要伸直，手掌心應向下。此時，右臂直臂，小指領先入水，手掌向外。

　　左肩在左臂出水前出水。右臂入水後直臂向下，準備抱水。

　　左臂領先出水，小指向上並向前上方移臂。右臂完成抱水動作後，開始屈臂向後划水。左腿開始向上踢水。

　　左臂移至肩上方。右臂划至肩側，肘關節約成 90°～100°角，準備向後推水。左腿開始向斜上方踢水。

左臂沿垂直面繼續向前移臂。右臂向後下方推壓水。

左臂移臂將結束，準備入水。右手推壓水結束。整個仰泳動作周期完成。

圖1　仰泳技術連續動作圖

1. 身體姿勢

游仰泳時，身體較平直地仰臥水中，頭和肩略高於臀，身體縱軸與水平面構成一個不大的迎角（圖2）。

游仰泳時，頭起著舵的作用，因而要保持穩定，並要自然地平枕在水中，雙耳位於水面下，整個臉露出水

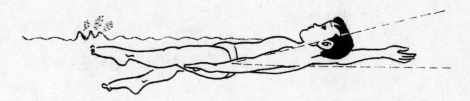

圖2 仰臥姿勢

圖3 仰臥時，注意頭、耳、臉部的位置

面，眼睛直視上方（圖3）。

　　游仰泳時，上體隨划水和移臂而向兩側轉動，這種轉動有利於加強划水力量和移臂動作，上體向每側轉動的幅度約為40°（兩肩的連線與水面的角度）。如圖4，但頭應盡量保持穩定。

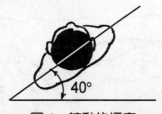

圖4 轉動的幅度

2. 腿部動作

仰泳打腿的作用主要是保持身體位置，並可產生一定的推進力。

仰泳腿部動作與爬泳相似，也可用「大腿帶小腿，兩腿鞭打水」來形象地描述。但由於是仰臥，所以產生推進力的動作是向上打腿，此外，仰泳打腿時膝關節彎曲的程度大於爬泳，約成 135°角（圖 5-⑥右腿），打腿的幅度也比爬泳深，約為 45 公分（圖 5-①兩腿上下之距離）。

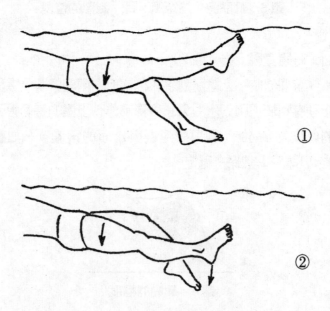

①

②

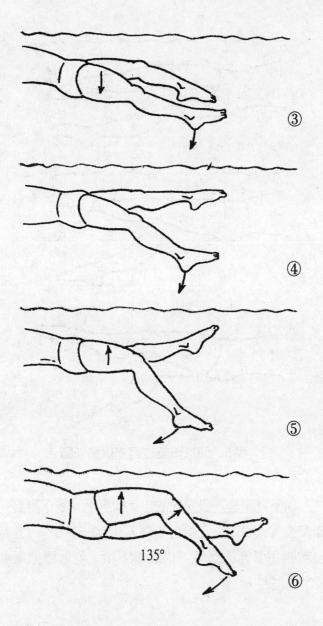

③

④

⑤

135°

⑥

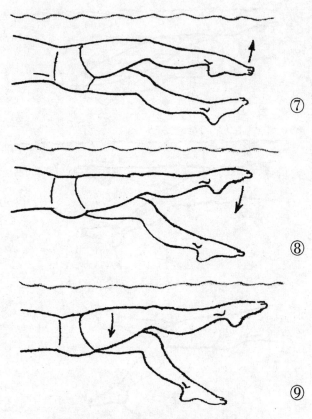

図 5　仰泳腿部技術連續動作圖

　　向下打腿是直腿完成的，大腿帶動小腿下壓到一定深度後，大腿停止下壓，並轉入向上打腿過程，此時小腿和腳在慣性的作用下仍繼續下壓，使膝關節彎曲成135°角左右。

向上打腿是產生推進力的動作，因而要用較大的力量來完成，當大腿向上移動到一定高度，膝關節即將露出水面時，大腿結束向上移動，轉為下壓，而小腿和腳仍繼續上移直至接近水面，膝關節伸直形成鞭狀打水動作。

　　仰泳腿部動作的全過程如圖5，圖中的小箭頭表示腿的各部分運動的方向。仰泳打腿過程中，無論何時，膝關節、小腿和腳都不能露出水面。

3. 手臂動作

　　仰泳手臂的划水動作是產生推進力的主要因素，划水技術的優劣直接影響游進的速度。仰泳水下的划水路線似「S」形（圖6），划水速度是由慢到快。為了方便，我們將仰泳手臂動作分為入水、抱水、划水、出水和空中移臂幾個階段，各階段是緊密連貫、不可分割的。

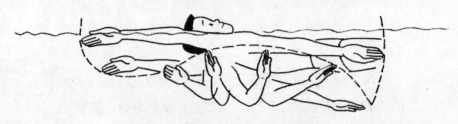

圖6　仰泳水下的划水路線

（1）入　水

手的入水點應在肩的延長線上，或在肩的延長線與身體中線之間，應以小拇指領先入水，手掌朝外切入水中，手掌伸直，手臂入水動作參見圖1-①、⑧。

（2）抱　水

當手臂入水後，軀幹向入水的同側轉動，借助前移速度，直臂向下，然後勾手腕，肩臂內旋，屈肘，使手掌、前臂處於有利的向後對水位置，形成較大的划水面，抱水動作完成時，手掌距水面約30～40公分，肘關節彎曲成150°～160°角（參見圖1-③）。

（3）划　水

仰泳的划水動作是推進身體前進的主要動力，整個動作從抱水結束開始，手臂以肩為中心，划至大腿側下方為止，划水包括拉水和推水兩部分，拉水時肘關節逐漸加大彎曲程度，手的運動方向是向後、向上的，拉水過程中，手的運動速度應快於肘，當手划至肩側時，拉水動作結束，此時肘關節彎曲達最大程度，約為90°～100°，手高於肘，手與水面的距離約為15公分（圖7）。

推水時，手、前臂和上臂同時向後做推水動作，手的運動方向是向後、向下。推水動作快結束時，前臂內旋向下做壓水動作。推水結束時，手位於臀部側下方，

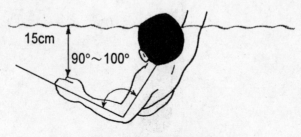

圖7　仰泳划水幅度

掌心向下，手臂伸直，推水動作參見圖1-⑦。

（4）出　水

臂出水是指手臂划水結束後迅速提出水面這一動作
過程，正確的出水動作是先壓水後提肩，使肩露出水面
後，由肩帶動上臂、前臂和手依次出水，划水結束時，
手掌自然轉向下方，並靠攏大腿，用手臂內旋下壓的作
用力和肩部三角肌收縮的力量，使手臂自然地提出水面
（參見圖1-⑧、⑨）。

（5）空中移臂

手臂出水後，應以肩為軸，沿著同側肩的上方，在
垂直面上直臂向前移動。當手臂移至肩的正上方時，手
臂內旋，使掌心向外翻轉，為入水動作做好準備（圖
8）。

游仰泳時，兩臂輪流交替地向後划水，兩臂的配合
方式為：一臂划水結束時，另一臂已入水，一臂處於划

圖 8　仰泳空中移臂

水的中部,另一臂則處於移臂的一半。

4. 呼　吸

仰泳的呼吸要有節奏,一般是划臂兩次,呼吸一次,吸氣時要用口來進行,用口和鼻呼氣,應在一臂移臂時吸氣,另一臂移臂時呼氣。

5. 完整配合動作

在現代仰泳技術中,一般採用 6：2：1 的配合形式,即 6 次打腿,2 次划臂,1 次呼吸,仰泳完整配合動作過程參見圖 1,如下所述。

三、
學仰泳的步驟及計劃安排

初學者首先要熟悉水性再學泳式動作

先學腿部動作使身體平浮

先陸後水，以水為主

學習仰泳的計劃進度安排

輔導孩子學游泳時要注意的問題

三、學仰泳的步驟及計劃安排

1. 初學者首先要熟悉水性再學泳式動作

在水中游泳與在陸上活動有很多不同，首先是，活動環境不同。游泳是在水中的環境進行的，由於水有浮力、有壓力，水的阻力比空氣阻力大 800 多倍。初學者乍一下水，會站立不穩，呼吸困難，移動困難，因而心理緊張害怕。

其次是，游泳時呼吸方法不同和人體姿勢不同。游泳的呼吸方法是用口吸氣，用口或鼻呼氣。由於在陸上，平時習慣用鼻吸氣，在游泳時，如果用鼻吸氣，就很容易嗆水。

在陸上活動，人體習慣直立姿勢，而游泳時身體是平臥（俯臥、仰臥或側臥）水中，這就改變了人體的空間定向的正常感覺，影響了前庭器官的穩定性，造成身體經常處於不平衡狀態，又進一步增加了怕水心理。

三是，身體運動的動力不同，在陸上做動作是利用固定的支撐反作用力使身體運動，而游泳是在一種不能

作為固定支撐的液體中進行的運動，是利用水的浮力支撐身體浮到水面，利用水對肢體動作的阻力所形成的支撐反作用力推動身體前進。

因而人們平時在日常生活中所形成的走、跑、跳、投等技能，不能在水中直接運用，幾乎所有的游泳動作技能都要從頭學起。

由於上述原因，決定了初學者開始學游泳不是先學哪一種姿勢，而是要先到水的環境中去，透過熟悉水性練習來體會和了解水的浮力、阻力、壓力等特性，逐步適應水的環境，消除怕水心理，並掌握水中行走、浸水、呼吸、浮體、站立、滑行等動作和技能，為學習各種姿勢的游泳技術打下良好的基礎。

有些初學者，見仰泳是臉部露出水面上，以為仰泳呼吸不受水的影響，從而以為學仰泳時，可不用學習浸水、呼吸等熟悉水性動作。這顯然是錯誤的想法。先掌握熟悉水性動作，再學仰泳，不但對學仰泳有促進，也可減少事故的發生。

2. 先學腿部動作使身體平衡

游仰泳時，身體水平仰臥水面，由於身體的上半身浮力大於下半身，腿會下沉，為保持身體的平浮，須先學打腿動作，使雙腳取得水的支撐反作用力，既可推動

身體前進，又可使腿部不下沉。如學腿部動作之前先學手臂動作，腿會下沉，身體無法保持水平與平衡，就難於把完整動作學好。

因此，初學者應先學腿部動作，再依次學習手臂動作、手臂與呼吸配合、臂腿配合、完整配合動作。

3. 先陸後水，以水爲主

先陸後水，即先在陸上練習再到水中練習。學習初期在陸上進行練習主要是指模仿練習。進行陸上模仿練習，可以利用視覺的幫助，看清動作路線、方向、結構，自己做得是否正確，隨時可以改正。藉由反覆模仿練習，初步體會動作要領，為在水中練習、真正掌握動作要領奠定基礎。

游泳是在水中游的，學游泳就得下水，不下水是學不會游泳的。所以，經過陸上模仿練習，明確了動作概念，初步體會了動作要領後，就要及時轉到水中練習，在水中體會動作的結構和路線、方向。經過水中反覆練習，掌握游泳動作，再透過水中反覆練習鞏固游泳動作。

4. 學習仰泳的計劃進度安排

表 1 是一個學齡兒童初學仰泳的 12 次課計劃進度

表1　學習仰泳進度表

課的內容 / 學習內容		1	2	3	4	5	6	7	8	9	10	11	12	動　作　要　求
游泳及安全常識		✓												了解游泳安全常識
熟悉水性練習	水中行走、浸水	△												面部浸入水中結合練習憋氣，每次憋氣時間達到 3～10 秒
	浮體與站立	✓	△	✓										抱膝浮體能浮起來，浮體後能站立穩；能仰臥浮體浮起來，浮體後能站立穩
	呼吸		△	✓	✓	✓	✓							在水中呼氣，在水面上用嘴吸氣，連續呼吸 20 次以上（中間不停頓）
	仰臥滑行與站立		✓	△	✓	✓	✓							仰臥蹬邊滑行達 3 公尺以上
仰泳	腿部動作			✓	△	△	✓	✓	✓	✓				身體仰臥要平，腿上踢時用力，腳背踢出水花，滑行打腿達 20 公尺以上
	臂部動作					✓	△	△	✓					兩臂輪流划水，後交叉配合（一臂入水時，另一臂推水結束）
	腿、臂配合動作						✓	△	✓					身體水平仰臥，光做腿踢水動作，後加上兩臂輪流划水動作的配合，動作協調，能游 25 公尺
	腿、臂、呼吸完整配合動作							✓	△	△	△	✓	✓	✓
														在上述動作基礎上，注意呼吸節奏，當右（或左）臂移臂時用嘴吸氣，另一臂移臂時呼氣。能游 25 公尺以上
	增長距離游								✓	✓	△	△	△	改進動作，不斷延長每次的游距，能游 50 公尺以上
水中玩耍、遊戲		✓	✓	✓	✓	✓	✓	✓	✓	✓	✓	✓	✓	

註：表中「△」符號為主要學習內容，學習時間要多些，練習要達到動作要求。

安排表。在淺水池學習，每次學習時間為 1～1.5 小時。學習時，每個動作按要領（見本書五、熟悉水性、六、仰泳技術練習）進行練習，達到相應要求後，才能轉入學下一個動作。所以，有些人可學得快些，用 10 次課或更少時間可學完，有些人學得慢，可延長學習的時間。

總之，學習要以真正掌握動作為目的，打好基礎，不要趕進度，否則，欲速則不達，學習時間可能更長。如果學仰泳時，已會游蛙泳或爬泳，則可免去熟悉水性練習，學習進度可加快。

尤其是已會爬泳再學仰泳，更是可利用相似動作技能的良性轉移規律進行學習，會學得更快。

5. 輔導孩子學游泳時要注意的問題

小孩喜歡游泳。每個家長也都希望自己的孩子能儘快學會游泳。不管是把孩子送到游泳初級教學班去學，還是家長自己輔導孩子學游泳，都應清楚學游泳時要注意的問題。

（1）安全第一。要切實遵守泳場有關安全衛生守則。在游泳時，家長不要隨便離開孩子，更不能讓孩子單獨到深水區中去。

（2）要想孩子儘快學會游泳，首先是要培養孩子

對游泳的興趣，使他喜歡水，喜歡游泳，不要強制孩子做他不願做或不敢做的動作。

（3）幫助孩子樹立學習游泳的決心和信心，不要三天打魚，兩天曬網或中途放棄。

（4）輔導孩子學游泳必須有計劃，注意方法（參見表1）。

（5）多採用誘導性練習，多以玩的方式進行，多輔導孩子自學自練。當孩子不能一下子學會動作或出現錯誤動作時，要有耐心，不能急躁，更不能訓斥，而應多鼓勵、表揚，要使他感到自己的進步，樹立學會游泳的信心。

（6）每次在水中練習的時間不宜過長，特別是水溫較低時更加要注意，當孩子感到冷或情緒不高不想練時，就應立即上岸，擦乾身體保暖。

四、
下水前的熱身運動

頭部運動
肩部運動
擴胸運動
體側運動
體轉運動
髖部運動
踢腿運動

四、下水前的熱身運動

　　熱身運動也稱準備活動。任何體育項目，在練習前都要做好熱身運動，熱身運動的目的是使身體發熱，克服機體的僵硬狀態，動員身體各器官系統的機能，使其進入工作狀態，防止肌肉、關節、韌帶的運動損傷。

　　游泳是在比人體體溫低的水中進行，更是需要在下水前認真做好熱身運動，防止抽筋、暈厥等水上事故的發生。

　　下水前的陸上熱身運動，一般由活動性的練習，柔韌性的練習組成，可做徒手操（廣播操、健美操等）、舞蹈、慢跑、壓腿、壓肩及各種關節練習等。熱身運動要有一定的量，但又不可激烈，讓身體微微出汗即可。熱身運動後，應休息片刻，待汗乾後，方可沐浴、下水，下面介紹一套游泳熱身操以供參考。

1. 頭部運動

　　兩手叉腰，兩腳左右開立做頭部向前、向後、向左、向右以及繞環運動（圖9）。

圖 9　頭部運動

2. 肩部運動

手扶肩部，屈臂向前、向後繞環，以及直臂繞環
（圖 10）。

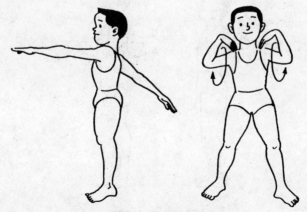

圖 10　肩部運動

3. 擴胸運動

屈臂向後振動及直臂向後振動（圖11）。

4. 體側運動

兩腳左右開立，一手叉腰，另一臂上舉，並隨上體
向對側振動（圖12）。

5. 體轉運動

兩腳左右開立，兩臂體前屈，身體向左、向右有節
奏地扭轉（圖13）。

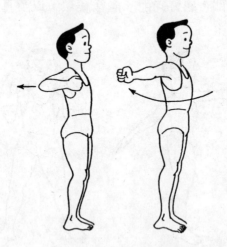

圖11　擴胸運動

圖 12　體側運動

圖 13　體轉運動

6. 髖部運動

　　兩腳左右開立，兩手叉腰，髖關節放鬆做向左、向右 360°旋轉（圖14）。

7. 踢腿運動

　　兩臂上舉後振，同時一腿向後半步，然後兩臂下擺後振，同時向前上方踢腿（圖15）。

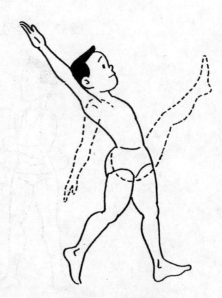

圖14　髖部運動　　　　圖15　踢腿運動

五、
熟悉水性

沐浴、下水

水中行走與跳躍練習

水中閉氣與呼吸練習

水中浮體與站立練習

滑行練習

熟悉水性遊戲

在超淺水環境的熟悉水性練習

在深水環境的熟悉水性練習

踩水練習

五、熟悉水性

　　熟悉水性是初學游泳的重要教學環節。其目的主要是讓初學者體會與了解水的浮力、壓力、阻力等特性，逐步適應水的環境，消除怕水心理，培養對游泳的興趣並掌握一些游泳的最基本動作，如呼吸、浮體、滑行等，為以後學習各種游泳技術打下基礎。

　　在熟悉水性練習時，應盡可能在齊腰、胸深的水中進行，要注意安全教育，確保安全。

　　對於初學游泳者來說，熟悉水的環境、了解水的特性、感受水對五官及身體的刺激是非常必要的，因此，進行熟悉水性的練習，可按下面的步驟和方法進行。

1. 沐浴、下水

（1）沐　浴

　　每位游泳者下水前進行身體的沐浴是講究衛生的要求，對於初學游泳者，尤其是對怕水的兒童來說，全身沐浴也是讓他們體驗水對臉部及五官的刺激，如能讓水直接沖洗臉部，不但可幫助小孩克服怕水心理，也可練

習用口吸氣的動作。

（2）下　水

練習者應根據泳池的設置情況採取不同的下水的方法。

①階梯下水：如果泳池設有階梯，就可扶梯依次下水。如果是較寬的臺階式的階梯，就讓他們坐在階梯上，一級一級地浸入水中，或手拉手慢慢地走入水中。

②扶梯下水：在現代化的游泳池中，扶梯一般都設在四角，階梯常常是建在池壁上，梯子兩側有扶手，扶梯入水的最好辦法是面對階梯，雙手扶把手，慢慢下梯（圖16）。

圖16　扶梯下水

先坐於池邊　　　　　　　轉身　　　　　　　入池

圖17　池邊下水

③池邊下水：即使池中設有階梯，最好也在第一課中教會學員從坐在池邊轉身下水的方法（圖17），它可以加快入水練習速度和節省更多的時間用於水中練習。同樣可以採取從池邊出水的方法上岸。對膽小的孩子則可以採取個別對待，利用階梯下水和出水。

入水後，手扶池內的欄杆或泳池水槽，要注意不要因興奮而鬆開扶手，在池內跳躍，這樣比較容易失去平衡以致突然滑倒。

2. 水中行走與跳躍練習

進入水中後，初學者手扶池邊或欄杆向側滑步，或

圖18 水中行走

　　一手扶池邊一手在體側撥水向前走，這是初學者的第一
個練習。這個動作來回走兩趟之後，雙手離開池邊或欄
杆向前行走，如有幾個同伴一起學，可成一路縱隊隊
形，手扶前者的肩部或抱住腰部向前行走（圖18），
這種水中行走練習可以做前進、後退、左右兩側移動。

　　此外，也可做跳躍動作或做遊戲。如列車波浪式前
進的遊戲等，這樣可以無拘無束地跳得更起勁。當他們
跳得越來越高、蹲得越來越深時，應鼓勵較膽大者將頭
沉入水中，即使是較短的時間，也不要鬆開搭在肩部的
手去抹臉上的水珠。當然，跳躍練習也可以在原地單獨
進行。

3. 水中閉氣與呼吸練習

在水面上用口深吸氣，在水中用口或鼻均匀慢呼氣，這一練習是使初學者學會游泳呼吸的基本方法，應從第一次課就抓緊練習呼吸，並貫徹始終。

（1）水中閉氣練習

扶池邊或拉同伴的手，在水面上深吸一口氣，然後閉口憋住氣把臉浸入水中，稍留片刻，當臉離開水面後先用口把氣呼盡，再張口深吸氣，水中閉氣時間由短到長，可採用數數的方法不斷延長在水中閉氣的時間；浸水時，也可以用由易到難的做法，由臉浸水過渡到頭沒入水中（圖19）。

圖19　水中閉氣

（2）水中睜眼練習

當水中閉氣達到一定的時間要求以後，可在水下睜開眼睛，看看水下的景物。例如，讓他們看和數同伴伸出的手指，或者看游泳池底的磚的顏色，有時也可以用小玩具、小石頭，讓他們看顏色或數數或撿石子。方法可多種多樣，目的是觀察水下的情景，進一步克服怕水心理，提高學習游泳的興趣。

（3）呼氣練習

當臉或頭部沒入水中後，要求初學者在水中用口緩慢均勻地呼氣，但不要把氣呼盡，呼氣的後部分，應邊呼氣邊抬頭，當口出水面時用力將氣呼完 （圖20-①）。

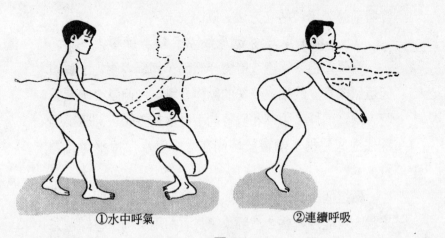

①水中呼氣　　　　②連續呼吸

圖20

（4）連續呼吸練習

同上練習，要求加上吸氣連續做，由3～5次逐漸增加到20～30次。進行呼吸練習時，應注意：呼氣時要慢而均勻，吸氣時要快而深，呼與吸之間要有短暫的憋氣。呼氣時注意，在口將要出水面時，快速用力把氣吐完，緊接著張口深吸氣，這是吸氣的時機。要反覆練習（圖20-②）。

4. 水中浮體與站立練習

水中浮體與站立，目的是體會水的浮力，初步學會在水中控制身體、維持平衡的能力和由浮體至站立的方法，進一步消除怕水心理，增強學會游泳的信心。練習浮體前應先學習站立方法，以保安全。

（1）從俯臥姿勢還原成站立姿勢練習

當學習抱漆浮體或展體浮體前，初學者應先了解如何還原成直立的站立姿勢的動作要點，由俯臥姿勢還原時，兩臂前伸，手掌和雙臂向下壓水並抬頭，同時牢牢踩住池底站穩，兩臂於體側在水中壓水保持平衡（圖21）。

做這個練習，對於一些初學者或是較怕水的小孩子來說，可能會難些，教師或家長可採用下列一些練習方法來增強他們的信心和幫助孩子掌握這個練習。

圖 21　從俯臥姿勢還原成站立姿勢

　　①利用池邊（欄杆），身體俯臥，一手扶池邊或欄杆，一手下壓做恢復直立動作（圖22）。

　　②利用泳道線練習：一手扶住水線，一手下壓做恢復直立練習（圖23）。

　　③用浮板或助浮物練習站立（圖24）。

　　④雙人互相幫助練習站立（圖25）。

圖 22　利用池邊（欄杆）練習站立

圖 23　利用泳道線練習站立

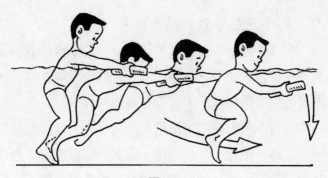

圖 24

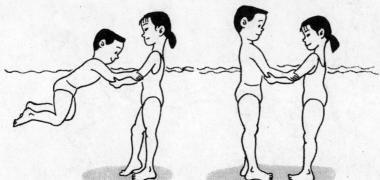

圖 25

（2）抱膝浮體與站立練習

抱膝浮體是平衡漂浮的基礎，一般的游泳者，當肺部吸足氣後，頭沒入水中，雙手抱膝做浮體動作沒什麼困難，大多數情況下，背部會露出水面。

抱膝浮體的練習方法是：原地站立，深吸氣後腿部彎曲下蹲，低頭，雙手抱膝，膝盡量靠近胸部，形成低頭團身抱膝姿勢。如果開始練習身體下沉到池底，則用前腳掌輕蹬池底，助身體漂浮起來（圖26-①～③）。待閉氣漂浮一段時間後，可恢復站立姿勢（圖26-④）。

（3）展體浮體練習

展體浮體練習方法是：兩腳開立，兩臂放鬆前伸，深吸氣後身體前傾並低頭，屈膝下蹲，兩腳輕輕蹬離池

圖 26　抱膝浮體

底，兩腿放鬆上浮或俯臥姿勢漂浮於水中，臂和腿自然伸直（圖27）。當然，有時為了營造學習氣氛，教師可要求學生四肢自然伸開成為一個「大」字或一個「海星」形狀，以提高學生學習的興趣。

（4）仰臥浮體與站立練習

學習仰泳，由於身體從原來比較習慣的俯臥姿勢改變為仰臥姿勢，初學者除掌握俯臥姿勢的浮體與站立外，更應加強仰臥浮體與站立練習。

仰臥浮體是較為常用的漂浮方式，頭在水面臉朝天，解決了呼吸難題和水對臉部的刺激，小孩子較為輕鬆，但也有一部分初學者，由於身體姿勢的改變，怕沉沒於水中，較為緊張而抬頭收腹，不能自然伸展平躺於水中，因此，必須強調做好仰臥浮體練習。

圖27　展體浮體

①從仰臥浮體姿勢還原成站立姿勢練習

正如從俯臥姿勢還原成站立姿勢一樣，從仰臥浮體還原成站立姿勢的動作，也是以力學原理為基礎，即作用力與反作用力的結果。

當仰臥浮體欲站立時，手臂轉動向下划水，低頭團身收腿成屈體姿勢。當團身接近與水面垂直時，頭繼續前傾，手臂向兩側後下划，使身體繼續向前、向上，同時伸展雙腿著池底，抬頭挺胸站立成直立姿勢（圖28）。

為了更好地掌握該動作，可採用從易到難的教學原

圖 28 從仰臥浮體姿勢還原成站立姿勢

則，做下列輔助練習：

A. 手扶欄杆（池邊）做仰臥轉直立練習（圖 29）。

B. 雙手握兩塊小浮板由仰臥轉直立練習（圖 30）。

C. 雙人互助練習（圖 31）。

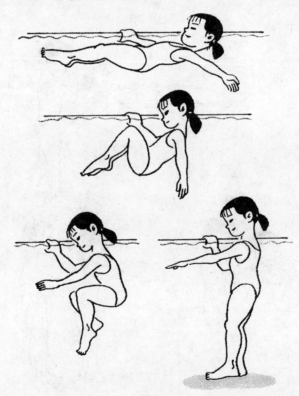

圖 29

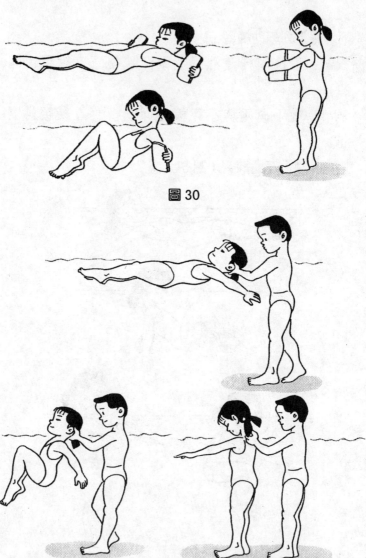

圖 30

圖 31

D.將雙腳勾住欄杆由仰臥還原成直立姿勢練習（圖
32）。

圖 32

②仰臥浮體練習

身體仰臥，頭在水面臉朝天，身體平直伸展，有如
躺在水面一樣，要肺部吸滿氣，手自然放於身體兩側，
兩腿併攏自然漂浮（圖33）。

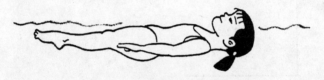

圖 33

當然，開始做該動作時，由於心理作用，較容易犯的毛病是抬頭而導致下肢下沉，或是低頭收腹而造成臀部下沉。要求身體平直伸展，像躺在「床」上一樣。為了掌握該動作可做下列輔助練習。

A. 手抱浮板的仰臥浮體練習（圖34）。

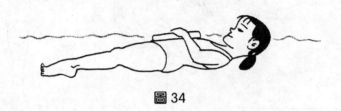

圖 34

B. 手抱浮板腳勾欄杆（水槽）的仰臥浮體練習（圖35）。

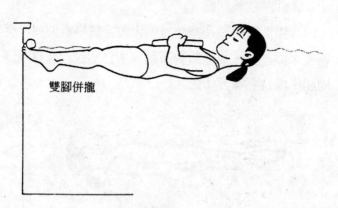

雙腳併攏

圖 35

C. 雙腳勾欄杆（水槽），雙臂在體側的練習（圖 36）。

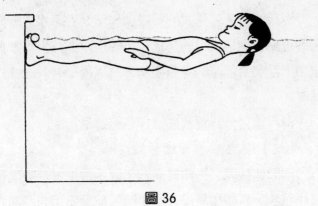

圖 36

D. 同上練習，雙臂前伸，頭夾於兩臂之間的練習（圖 37）。

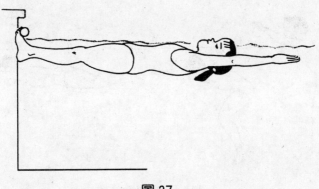

圖 37

5. 滑行練習

滑行練習是各泳式的基礎動作，是熟悉水性階段練習的重點。練習的目的是進一步體會水的浮力，掌握在水中平浮和滑行時的身體姿勢，為以後學習各泳式打下基礎。

滑行練習分為蹬池底滑行和蹬邊滑行。

（1）蹬池底滑行練習

兩腳前後開立，兩臂前伸，兩手併攏。深吸氣後體前傾屈膝，當頭和肩浸入水中時，前腳掌用力蹬池底，隨後兩腿併攏，使身體成流線型向前滑行（圖38）。

（2）蹬邊滑行練習

一手拉水槽（欄杆），一臂前伸，收腹屈腿，兩腳或單腳貼緊池壁，上體前傾平浮於水中，做好以上準備

圖38　蹬池底滑行

姿勢後，深吸一口氣，低頭提臀，隨即放開拉池槽的手臂並前伸與前邊的臂併攏，頭夾於兩臂之間，兩腳用力蹬壁使身體成流線型向前滑行（圖39）。待該練習較為熟練後，可做原地站立收腳提臀蹬壁滑行練習（圖40）。

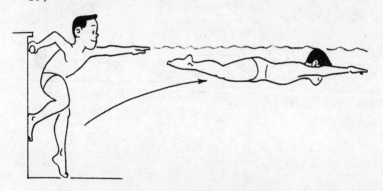

圖 39　手抓池邊蹬邊滑行

圖 40　原地站立蹬邊滑行

（3）仰臥蹬邊滑行練習

當初學者已較好掌握了仰臥浮體方法後，很自然地會用已學會的方法做仰臥划水，並借助池壁練習蹬邊滑行，其練習方法有：

①腳勾欄杆（水槽），手抱浮板蹬離池壁仰臥滑行練習（圖41）。

圖41

②腳勾欄杆（水槽），手放體側，用力蹬離池壁仰臥滑行練習（圖42）。

圖42

③腳勾欄杆（水槽），手臂前伸，用力蹬離池壁仰臥滑行練習（圖43）。

圖43

④雙手推離池壁並用腳蹬離池壁後仰臥滑行，手臂前伸練習（圖44）。

圖44

⑤在水下蹬離池壁並仰臥滑行（圖45）。

圖45

6. 熟悉水性遊戲

（1）戲水觸背

【預備姿勢】兩人面對面站立（間距2～3步）。

【方法】雙方在水面上用手互相潑潑水，兩腳不停地移動，爭先用手觸及對方的背部。

（2）水中跳躍

【預備姿勢】站立，兩臂側平舉，掌心向下。

【方法】連續在水中縱身跳躍，兩腳用力蹬池底，使上體盡量躍出水面。下蹲時深蹲，讓雙手觸地（圖

圖 46　水中跳躍

46）。

（3）雙人負重

【預備姿勢】兩人背對背站立，兩臂肘挽肘串連。

【方法】兩人在水中原地輪流背負同伴做體前屈動作（圖 47），上體前屈時，臉部浸入水中，呼氣。水上背負的同伴肢體放鬆，兩腳自然垂下，兩人交換練習。

（4）發射魚雷

【預備姿勢】身體直立水中。

【方法】深吸氣，兩腳用力蹬離池底向前滑行（圖 48），滑行速度減低後兩腳站立並抬頭吸氣。

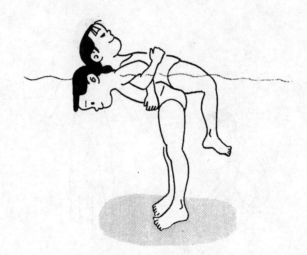

圖 47　雙人負重

圖 48　發射魚雷

（5）三人對抗

【預備姿勢】三人一組，甲乙兩人並排站立，兩人各握木棒兩端（棒長1公尺），丙站在甲乙背後，兩手握木棒中端。

【方法】信號發出後，甲乙兩人向前行走，丙在水中俯臥，兩腿做爬泳打水動作，向前游進（圖49）。三人輪流換位進行。試看哪一組最先到達終點，並按累計數排出勝負名次。此遊戲也可改為仰臥進行。

圖49　三人對抗

（6）胯下潛水

【預備姿勢】在齊腰或齊胸的水中，遊戲者多人，每人相隔2公尺成縱隊，兩腿分立。

【方法】其他遊戲者從後面經胯下潛過去在前頭站立，後一位再做同樣的動作，依次進行（圖50）。

圖50　胯下潛水

（7）水中玫瑰

【預備姿勢】在淺水處，3人或6人手拉手背對背站立。

【方法】聽到口令後，手拉手直臂（或稍屈臂），同時仰臥水中，待身體平躺後，再做收臂頭靠頭動作（圖51）。然後再推手拉開，如開放的玫瑰。

註：此遊戲也可改為俯臥做。

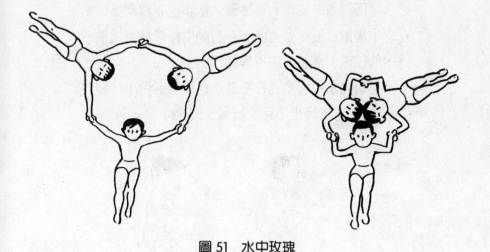

圖 51　水中玫瑰

7. 在超淺水環境的熟悉水性練習

　　超淺水環境是指水深在 40～50 公分的水池中，大多數情況下是在兒童池內進行的游泳活動。

　　大多數初學的小孩子對水的害怕程度是隨著水位的加深而加深的。當水深在膝關節左右時，他們會毫無顧慮地在水中打打鬧鬧，相互追逐，盡情嬉水；水深至腰時，則開始有點緊張，其活動時就變得謹慎小心；水深至胸時，他們就顯得比較緊張，不敢輕易邁步向前走動；若水位再加深，他們就會更加緊張害怕。

　　在超淺水中進行熟悉水性動作練習，則完全能避免

因水深而帶來的怕水心理障礙,使小孩在無意識狀態下在水中盡情玩耍、做遊戲,在活動中自然地完成熟悉水性中的呼吸、浮體、滑行等動作。

在超淺水環境中進行熟悉水性教學可做下列練習:

(1) 水中行走,跑步練習(圖52)。

圖 52

(2) 坐池底洗臉、洗頭練習(圖53)。

圖 53

（3）水中坐下、站立練習（圖54）。

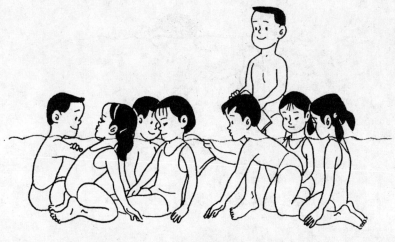

圖 54

（4）坐池底水中呼氣、水面吸氣練習（圖55）。

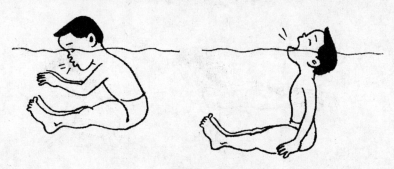

圖 55

（5）跪趴在水中吹泡泡練習（圖56）。

圖 56

（6）水中跪爬練習（圖57）。

圖 57

（7）原地手撐池底打腿（或蹬腿）（圖58）。

（8）手撐池底爬行打腿（圖59）。

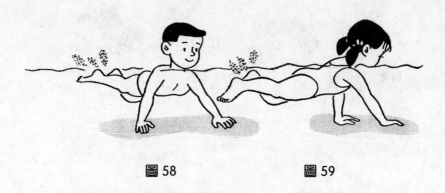

圖58　　　　　圖59

（9）手扶（抱）浮板做跳躍練習（圖60）。

圖60

（10）手扶（抱）浮板做蹬離和滑行練習（圖61）。

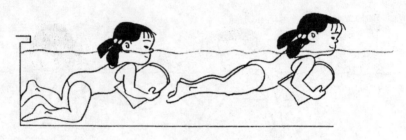

圖 61

（11）蹬底滑行、站立練習（圖62）。

圖 62

（12）搖搖船遊戲（圖63）。

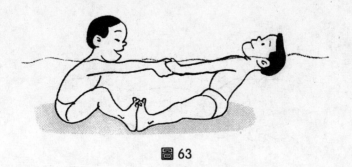

圖63

（13）由坐姿雙手撐池底成仰臥漂起後，恢復坐姿
練習（圖64）。

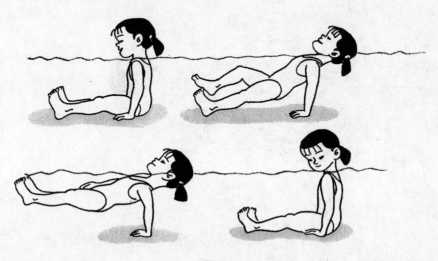

圖64

（14）原地雙手撐池底仰臥漂浮打腿練習（圖65）。

圖65

（15）原地（或蹬離池底）手抱浮板漂浮（圖66）。

圖66

（16）手抱（扶）浮板仰臥蹬離池壁滑行（圖67）。

圖 67

（17）手抱（扶）浮板仰臥打腿（圖 68）。

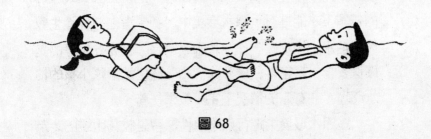

圖 68

（18）仰臥蹬離池壁滑行（圖 69）。

圖 69

上述的一些熟悉水性階段的基本動作練習是在超淺水環境中進行的，一些有條件的家庭可以在家中的浴池中教會小孩一些基本練習方法，讓孩子們在每天的沐浴中不知不覺地掌握熟悉水性的動作，為在游泳池學好游泳打下基礎。

8. 在深水環境的熟悉水性練習

對於初學者而言，無論是大人或小孩，水深沒過頭頂即為深水。在深水環境學游泳，一定要在家長或教師的帶領下才能進行。深水環境中，初學者往往會產生較大的怕水心理障礙，作為教師或家長，首先要做好的是確保安全，嚴密地組織教學活動，儘快地消除小孩的怕水心理，在有序的情況下完成教學任務。

在深水環境中進行熟悉水性練習是較為困難的，為了做好安全保護措施，最好是採用各種各樣的助浮器具幫助浮起（詳見本書七、利用浮具學仰泳），以減輕初學者的懼怕心理，同時便於在深水環境的游泳教學。此外，應準備一些教學救生器材，如竹竿、救生圈、浮板等。在深水環境的熟悉水性教學有下列練習：

（1）手扶池邊水槽（欄杆）的身體移動練習。

（2）原位手扶池邊水槽（欄杆），臉沒入水中閉氣練習（圖70）。

圖70

（3）同上練習。要求在水中做閉氣——呼氣——水面上吸氣動作。

（4）原位手扶池邊水槽（欄杆），身體伸直，俯臥水中練習（抬頭）（圖71）。

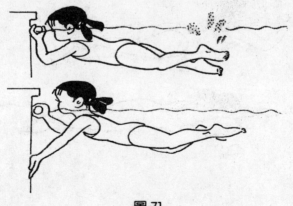

圖71

（5）同上練習。頭、臉沒入水中（圖72）。

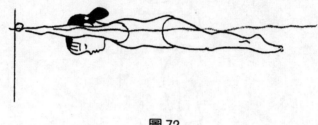

圖72

（6）原位手扶池邊水槽（欄杆），身體伸直，雙手做一收一伸並配合呼吸的練習（圖73）。

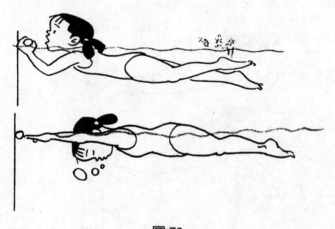

圖73

（7）手扶浮板（或竹竿）練習池邊跳水（圖74）。

（8）徒手練習池邊跳水（圖75）。

圖74　　　　　　圖75

（9）出發臺上練習跳水。

（10）面對水線，手扶浮板蹬邊滑行到水線，用竹竿拖回。注意，該練習在開始階段最多2～3人同時做為好。

（11）同上練習。初學者蹬離水線返回池邊。

（12）同練習10。徒手蹬離池壁至水線，然後返回池邊。

（13）手抱浮板，仰臥蹬離池壁滑行至水線練習。

（14）手扶池邊水槽（欄杆），仰臥蹬離池壁滑行至水線練習。

（15）踩水練習。踩水，是深水熟悉水性的必學內容，學會踩水後才能轉入學其他泳式。踩水的動作學習方法如下所述。

9. 踩水練習

當初學者在淺水環境基本掌握了熟悉水性階段中的呼吸、浮體和滑行動作後，可以轉入到各泳式的學習。但是，如果到較深水位（齊脖深的水或沒頂）的游泳池學習或游泳，初學者仍會產生怕水心理。為了克服和消除這種怕水心理及保障安全，有必要先學會踩水。

踩水技術類似蛙泳，身體幾乎直立，通過手的划動和腿的蹬夾動作，利用水的反作用力使身體浮起，保持原位不動。因此，也有人稱踩水為「原地蛙泳」「立泳」。

（1）踩水技術

①腿的技術

踩水時腿的技術有兩種，一種是兩腿交替蹬夾水（有點像騎自行車）。這種方法身體起伏不大，大腿動作幅度較小，做動作時先屈膝，小腿和腳向外翻，然後膝向內扣、壓，用腳掌和小腿內側向側下方蹬夾水。當

腿尚未蹬直時往後上方收小腿，收腿的同時另一腿開始
做蹬夾水動作，兩腿連續交替進行。另一種方法是兩腿
同時蹬夾水，同蛙泳腿動作相似，其腿的技術要求用小
腿和腳內側向側下方蹬夾水，當兩腿還未完全蹬直時即
收腿，動作要連貫、輕鬆（圖76）。

②臂的技術

踩水時兩臂彎曲，手和前臂在胸前做向外、向內的
搖櫓式的撥水動作，手臂動作不宜過大。向外撥水時掌
心稍向外，向內撥水時掌心稍向內，手掌要有壓水的感
覺，兩手撥水路線呈弧形。

③腿、臂的配合技術

腿和臂的動作配合要連貫，一般是兩腿各蹬夾一

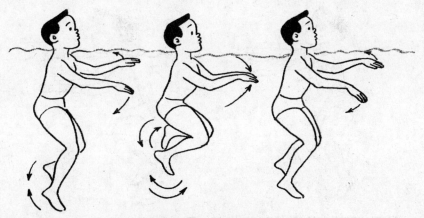

圖76 踩水技術

次，或是兩腿同時蹬夾一次，兩手做一次划水動作。踩水時，呼吸要自然，隨腿、臂動作的節奏自然地呼吸。

（2）踩水的練習方法

①腿的練習方法

A. 像騎自行車的踏踩動作（圖77）。

　a. 手垂直支撐池邊，雙腳交替做踏踩動作；

　b. 身體直立，手扶水槽雙腳交替做踏踩動作；

　c. 身體直立，手扶浮板雙腳交替做踏踩動作；

　d. 身體稍前傾，雙手撥划水，雙腳交替做踏踩動作。

B. 蛙式蹬夾水動作（圖78）

　a. 手扶水槽，雙腳同時做蹬夾水；

圖77　雙腳交替蹬水的踩水技術　圖78　雙腳同時蹬水的踩水技術

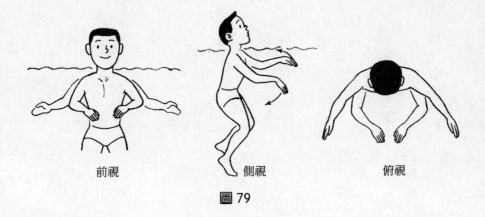

　　　前視　　　　　　　側視　　　　　　　俯視

圖79

　　b. 手扶浮板，雙腳同時做蹬夾水；

　　c. 身體稍前傾，雙手划水，雙腳同時做蹬夾
　　　水。

　②臂的練習方法

　　踩水時，手臂的划水動作好像划櫓動作，游泳者的
雙手置於水下約 10 公分深處，其動作方向是向外下或
內下，使身體浮起（圖 79）。

　③腿、臂配合技術練習方法

　　按圖 79 的技術要求，反覆練習，不斷延長停留在
水中的時間。做動作時，要求肌肉放鬆，按一定的節拍
來做，體會手和腳的水感，動作要慢而有節奏。踩水
時，保持口出水面即可，不要使身體升得太高，否則浪
費體力。

六、
仰泳技術練習

學習仰泳腿部動作
學習仰泳手臂動作
學習仰泳完整配合動作

六、仰泳技術練習

1. 學習仰泳腿部動作

（1）仰泳腿部動作要領

兩腿自然伸直，腳稍內旋，以髖關節為支點，大腿發力帶動小腿，上下交替做鞭狀打水，兩腳打水幅度約40～50公分，上踢時屈腿，以腳背向後上方用力，下打時直腿下壓。

仰泳腿部動作口訣：

大腿發力帶小腿，兩腿交替鞭狀打，

上踢用力下壓直，膝蓋腳尖不出水。

（2）仰泳腿部動作練習方法

練習 1：坐在池邊或出發臺上，做仰泳打腿的模仿練習（圖80）。

練習 2：在淺水中站立，深吸氣後，頭和上體慢慢後仰，在同伴的幫助下做仰臥漂浮練習（圖81）。

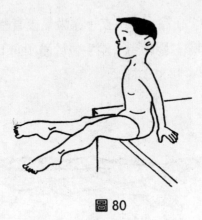

圖 80

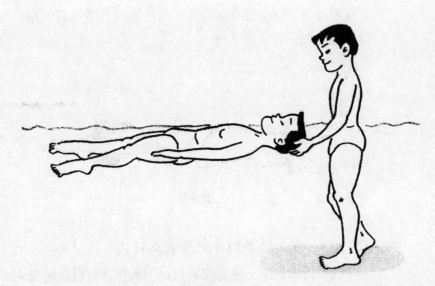

圖 81

練習 *3*：在淺水中站立，深吸氣後直體後倒，失去
重心後立即做打腿練習，兩手位於體側向下撥壓水，幫
助身體上浮（圖82）。

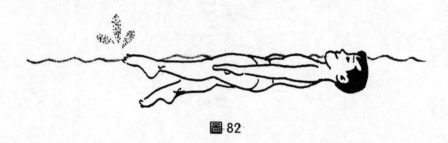

圖82

練習 *4*：蹬邊或蹬池底仰臥滑行後做打腿練習，兩
臂頭前併攏伸直（圖83）。

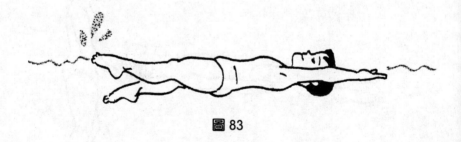

圖83

（3）仰泳腿部動作的檢查與糾正

在學習過程中，應經常對自己的動作進行自我檢查
或請同伴為自己檢查。檢查時請回答下列問題，並根據

自己存在的問題進行糾正。

　　問題 1：打腿時膝關節是否露出水面？

　　打腿時如果膝關節露出水面，說明向上打腿時不是用腳背向後上方用力踢水，而是用腳底（或腳尖）向後方蹬水。

　　產生這一錯誤動作的原因是直腿下壓不夠和用膝關節發力，糾正方法是強調直腿向下壓水，並以髖關節為軸，大腿發力，帶動小腿和腳向後上方踢水。

　　問題 2：打腿時是否會發生「咚、咚、咚」的聲音？

　　打腿時如果發出「咚、咚、咚」的聲音，說明練習者是在勾腳尖向下用力打水，產生這一錯誤動作的原因是動作概念不清，身體過分緊張，害怕身體下沉而用力向下打水。

　　糾正的方法，一是明確動作概念，二是做如下練習：單腿支撐在水中站立，另一腿做腳背正面踢足球的動作，要求動作幅度大，體會腳背上踢的感覺。

　　問題 3：腿打水時身體是否是「坐」著打腿？

　　「坐」著打水會破壞身體的流線型姿勢，其產生的原因是害怕口鼻進水而抬高頭部位置。

　　糾正方法是多做陸上模仿練習，或頭枕扶板做打腿練習。練習時強調頭後仰、挺胸、收腹。

問題 4：打腿時腿的位置是否過低？

腿的位置過低會破壞身體的流線型姿勢。其產生的原因是動作緊張，打腿幅度太小（特別是向上打腿）或者說兩腿是在抖動，或頭部抬得過高。糾正方法是強調兩腳向上踢水至水面，頭的位置要平。

2. 學習仰泳手臂動作

（1）仰泳手臂動作要領

兩臂交替在肩前直臂入水，向前、下、外屈腕抓水，並屈臂在體側向後做「S」型划水至大腿旁，然後轉腕鞭狀下壓，接著提肩直臂出水，在肩的上方沿垂面直臂前移再入水。當一臂入水時，另一臂划水結束。

仰泳手臂動作口訣：

肩前小指先切入，伸臂向前外抓水，

體側屈臂向後划，先壓後提快出水，

一臂入水一臂推，兩臂配合要連貫。

（2）仰泳手臂動作練習方法

練習 1：陸上站立或仰臥凳上，做仰泳手臂動作模仿練習（圖84）。

先做單臂，後做兩臂配合練習，先要求直臂划水，後逐步過渡到屈臂划水。

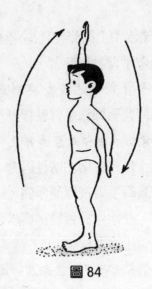

图 84

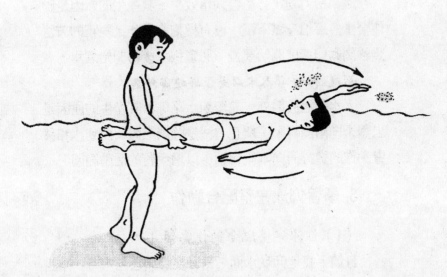

图 85

練習2：在淺水中由同伴抱住兩腿（圖85），或大腿夾浮板，仰臥做手臂動作練習。

（3）仰泳手臂動作的檢查與糾正

請參照下列問題對仰泳手臂動作進行檢查。

問題1：兩臂划水動作是否連貫？

不連貫的划水動作會增加慣性阻力。出現這一現象的原因是划水結束時手臂在體側停頓，糾正方法是在陸上多做模仿練習，在水中練習時，要求借助推水下壓的反作用力順勢提臂出水並移臂。

問題2：手臂入水後是否立即用力向後划水？

過早用力划水會影響划水效果。其產生的原因是動作緊張，害怕身體下沉，沒有做抱水動作。糾正的方法是強調動作速度開始要慢，屈臂抱水後再開始划水。

問題3：手臂入水點是否過於偏外？

入水點過於偏外，縮短划水路線。其產生的原因是上體未向兩側轉動，糾正方法是強調上體要隨划水和移臂動作的進行而向兩側轉動，以增大肩的活動範圍。

3. 學習仰泳完整配合動作

（1）仰泳完整配合動作要領

身體平直地仰臥水面，兩臂交替向後划水時，兩腿不停地交替打水，打水6次，划臂2次，呼吸1次，即

6：2：1 配合方式，呼吸與手臂的配合動作為：一臂移臂時呼氣，另一臂移臂時吸氣。

仰泳完整配合動作口訣：

身體仰臥頭穩定，6次踢腿2次臂，

2次划水1呼吸，連貫動作不停頓。

（2）仰泳完整配合動作練習方法

練習1：陸上站立，原地踏步（表示打腿）做兩臂划水動作練習。

練習2：仰臥滑行打腿，一臂頭前伸直，另一臂做划水練習。

練習3：在2的基礎上過渡到兩臂分解配合練習，即一臂划水並移臂入水後，另一臂再做動作。

練習4：在3的基礎上過渡到完整配合練習。

（3）仰泳完整配合動作的檢查與糾正

在對仰泳完整配合動作進行檢查時，請回答下列問題。

問題1：身體是否不能平直地仰臥於水中？

身體不能平直地仰臥於水中的原因有：頭部位置過高；或眼睛看著腳；或含胸、挺腹；或屈髖。

糾正方法是在同伴的幫助下多做仰臥漂浮練習（同伴輕托練習者的頭部），練習時練習者身體放鬆，其目

的是消除心理障礙，體會正確的身體位置。

問題2：游進時，是否「搖頭擺尾」？

游進時，身體不能直線游進的原因有：頭部位置不能固定；腰腹部肌肉過於放鬆；直臂平划水。

糾正方法是頸和腰部肌肉適度緊張，以固定頭部和髖的位置，划水時屈臂向後划水。

問題3：臂腿配合的節奏是否紊亂？

游進時，臂腿配合節奏紊亂的原因是動作緊張僵硬，害怕身體下沉，抬頭過高，急於划水。

糾正方法是多做仰臥漂浮練習（可在同伴的幫助下進行練習），游進時，降低划水頻率和游速。

七、
利用浮具學仰泳

合理使用浮具

浮具的種類、特點及簡易浮具的製作

利用「浮漂」學仰泳的進度安排

七、利用浮具學仰泳

1. 合理使用浮具

初學者在學游泳時，如能合理地利用浮具的幫助，無疑會促進學習的進度，更快地學會游泳。在報刊上常見到介紹各種「游泳速成法」，其中很多就是利用浮具（或其他輔助器具）的一種教學法。

利用浮具學游泳，首先是由於浮具的幫助，增加了浮力，使初學者口鼻露出水面，減輕了初學者的心理負擔，有利於消除怕水心理；其次是在學習仰泳臂、腿和臂腿配合動作時，可免去呼吸動作的困擾；降低了學動作的難度，使初學者較易掌握動作；也由於不受呼吸限制，練習動作可連續進行，大大增加了動作練習次數，有利於初學者體會動作和掌握動作。

使用浮具學游泳雖然有很多好處，但如使用不當，不但體現不出這些好處，反而會妨礙學習，拖延學習時間。我們常見一些初學者，使用浮具時，不是藉由浮具幫助去體會動作、學習動作，而是依賴浮具，當一去掉

浮具時，就不敢游或不會游了。有些浮具本身就只有浮
體作用，而阻礙做正確的臂腿動作（如救生圈）。因
此，在決定使用浮具學游泳時，必須選擇合適的浮具，
合理使用，克服依賴性，及時或逐步減少浮具浮力，以
至全部解除浮具，達到真正掌握游泳動作的目的。

2.浮具的種類、特點及簡易浮具的製作

現常見到的游泳浮具有：救生圈、浮袖、浮板、浮
帶、浮漂、漂浮背心等。其中使用「救生圈」的最常
見，其體積大、浮力大，戴上後，人基本是垂直姿勢，
對學踩水有幫助，而要學其他姿勢，則有困難，因其有
礙臂腿動作。救生圈還容易使初學者產生依賴性，一摘
下來，就不敢游了。

「浮袖」是把兩個充氣的氣圈套在上臂上，由於浮
力小，只有兒童適用，其缺點也是使人直立，不利於學
習俯臥或仰臥的動作。

「漂浮背心」類似救生衣，其浮力大，穿上後，手
臂和腿可做動作，對學游泳有幫助。但由於穿上後，練
習者的浮心更向胸部靠攏，影響平臥姿勢動作學習。

「浮帶」是一種有多個氣室的寬腰帶，一般寬為
20公分左右，氣室長約50公分左右，有各種型號，初
學者可根據自己的身材選用（圖86），用時將其綁在

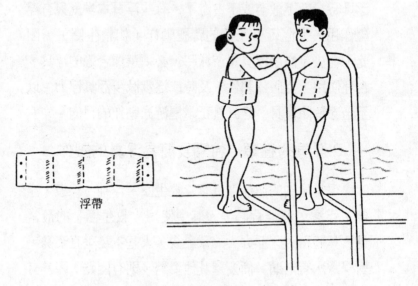

浮帶

圖 86　合理使用浮帶

腰上，隨著學動作水平的提高，可以逐步減少浮帶的充氣量。

「浮漂」是一種綜合以上浮具的優點，並且可以自己動手製作的簡易浮具。使用時，可以根據需要變換捆綁位置，根據身材選擇「浮漂」的大小，也可隨著學習水平的提高，減少「浮漂」的浮力，是一種較好的學游泳輔助器材。「浮漂」的製作方法有多種，下面介紹一種供參考。

（1）用泡沫塑料或質地輕、浮力大的輕質木料，

製作成 4 個長約 15 公分、寬約 10 公分、厚約 10 公分的長方形浮體。

（2）用長 50～60 公分（視使用者的腰圍大小或增或減），寬 1～2 公分的布帶或尼龍帶，將 4 個浮體連接起來（圖 87）。

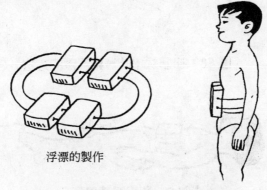

浮漂的製作

圖 87　初學仰泳時，戴浮漂的方法

（3）「浮漂」的浮體也可製作成長條形，各浮體之間可用彈力小的橡皮帶連接，也可用布料包裝縫接，各小布袋頂端開口以便條型浮體可依需要取出。

（4）在使用「浮漂」時要注意

①「浮漂」要承受水中身體的重量，佩帶上後，口鼻要能露出水面，但也不是越大越好，太大時易超出軀幹，影響手臂動作。

圖 88　初學踩水時，戴浮漂的方法

圖 89　利用浮漂學仰泳

　　②初學者在學踩水時，應將「浮漂」繫在背部，以使練習者易於在水中保持直立姿勢，使頭保持在水面上（圖 88）。如果練習仰泳技術，應將「浮漂」繫於腰腹下部，以防止練習者腿部下沉（圖 89）。

　　③初學者在學習過程中，可根據自己掌握游泳技術的情況，及時減少浮體，直至過渡到完全脫「浮漂」的練習。

3. 利用「浮漂」學仰泳的進度安排

下面介紹一種在深水池使用「浮漂」學仰泳進度安排（表2）。

表2　使用「浮漂」學仰泳進度表

課的內容　　課次 學習內容	1	2	3	4	5	6	7	8
游泳及安全常識	V							
陸上模仿練習	V	V	V	V				
池邊浸水練習	V							
池邊呼吸練習	V	V						
踩水練習	△	V						
仰臥浮體練習		△	V					
仰泳腿練習		V	△	V	V			
仰泳臂練習			V	△				
仰泳臂腿配合練習				△	△			
20～25公尺反覆游			V	V	V	V		
延長距離游				V	△	△	V	V
逐步減少浮體游						V	△	△
仰泳（標準配合游）							V	△

註：1.除最後兩次課外，練習者在練習過程，都使用「浮漂」進行學習。

2.表中「△」符號爲重點學習內容。

3.如沒有「浮漂」，使用「浮帶」也可以，道理一樣。

4.如「浮漂」「浮帶」都沒有，也可用打水用的浮板替代。即用半塊浮板穿兩個孔後，用繩帶捆綁在腹部，進行仰泳的各種練習，在「逐步減少浮體游」項，可逐步改換小一些的浮板。

八、
仰泳出發與轉身

學習仰泳出發動作
學習仰泳轉身動作

八、仰泳出發與轉身

1. 學習仰泳出發動作

（1）仰泳出發動作要領

仰泳出發與蝶泳、蛙泳、自由泳不同，是在水中進行的。其動作要領為：

面對池壁，兩手握住握手器團身，兩腳蹬在池壁上（腳趾低於水平面），聽到「各就位」口令時，兩臂即把身體向前上方拉起，槍響後立即鬆開握手器，手臂經體側向游進方向擺動，同時仰頭、挺胸，兩腳用力蹬池壁，兩臂擺至頭前時伸直併攏，身體在空中形成反弓型，入水後身體應立即恢復平直狀態，在水中稍滑行後即開始做腿部動作，當身體升至水面時，開始手臂動作。仰泳出發連續動作參見圖90。

（2）仰泳出發動作練習方法

練習1：陸上原地下蹲，做抬頭、挺胸，兩臂向側上擺，同時做腿蹬直起立的仰泳出發動作模仿練習（圖91）。

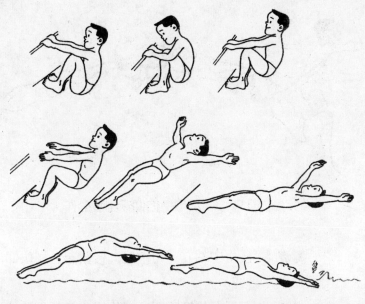

圖90　仰泳出發技術連續動作圖

圖91　陸上模仿仰泳出發動作

圖 92　淺水中模仿仰泳出發動作

練習 2：淺水中站立、蹬池底向後跳起，模仿仰泳出發動作（圖 92）。

練習 3：兩手握住握手器，按仰泳出發動作要求進行練習。

（3）仰泳出發的檢查與糾正

請參照以下兩個問題對仰泳出發動作進行檢查與糾正：

問題 1：是否是背部先入水？

背部先入水的原因是蹬離池壁後沒有抬頭挺胸。糾正方法是在擺臂展體時，要求抬頭、挺胸，眼睛看著前上方。

問題 2：身體是否入水過深？

身體入水過深的原因是頭過於後仰，糾正方法是要

求入水後微收下頜。

2. 學習仰泳轉身動作

（1）仰泳轉身動作要領

當游近池壁時，身體先繞縱軸翻轉為俯臥姿勢，接著做一次划水動作，使兩手位於體側，然後做一次兩腳同時向下的海豚式打水動作，借助划水和打腿產生的慣性低頭團身向前沿橫軸滾翻，兩腳甩向池壁。當兩腳觸及池壁時，兩手臂已在頭前併攏，然後兩腳用力蹬離池壁，稍滑行後開始打腿動作，當身體升到水面時，開始划臂動作（圖93）。

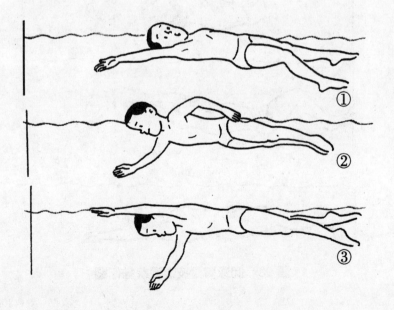

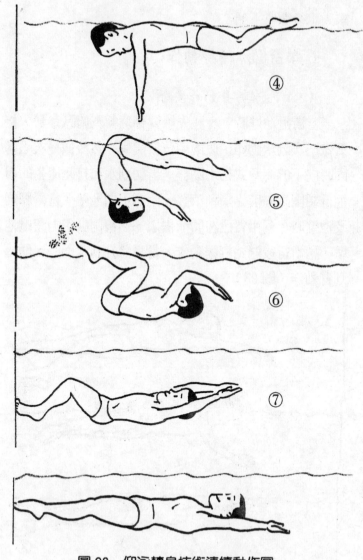

④

⑤

⑥

⑦

圖 93　仰泳轉身技術連續動作圖

（2）仰泳轉身動作練習方法

練習 1：兩手抓住水線，並以水線為軸做前滾翻練習（圖94）。

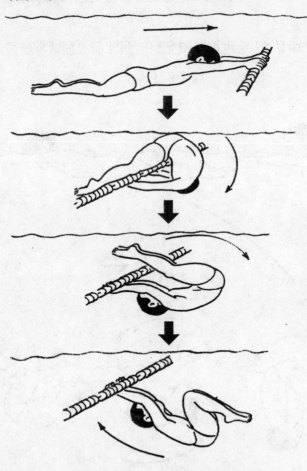

圖 94　手抓水線練習仰泳轉身

練習 2：在淺水中蹬池壁或池底滑行做前滾翻練習（圖95）。

　　練習 3：在游進中遠離池壁做身體翻轉和前滾翻練習。

　　練習 4：游近池壁做完整的仰泳前滾翻轉身練習。

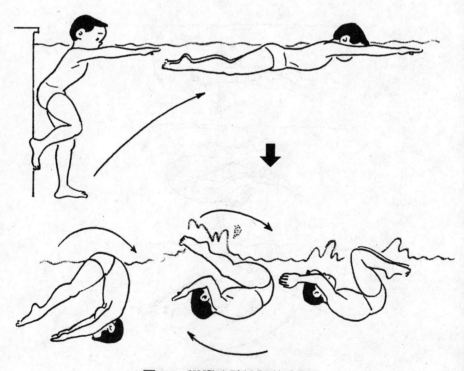

圖 95　腳蹬池壁練習前滾翻

（3）仰泳轉身動作的檢查與糾正

請參照下列問題對仰泳轉身動作進行檢查：

問題 1：身體翻轉成俯臥姿勢後是否做與轉身動作無關的划手和打腿動作？

游泳　賽規　規定，在身體改變仰泳姿勢成俯臥後，不允許做與轉身動作無關的划手或打腿動作，因此，一旦改變仰臥姿勢，就應立即做滾翻轉身動作。

問題 2：滾翻時動作是否太慢或翻不過來？

滾翻動作太慢或身體翻不過來，是因為低頭團身不夠或游速太慢所致。糾正方法是提高游速，並借助向前的慣性以及一次划手和一次打腿的力量低頭、團身，短翻轉的半徑，加快翻滾的速度。

問題 3：蹬離池壁時是否有用不上力的感覺？

蹬壁時用不上力的原因有：轉身前，距離判　失誤，離池壁太遠，轉身太早。糾正方法是多進行判　距離的練習。

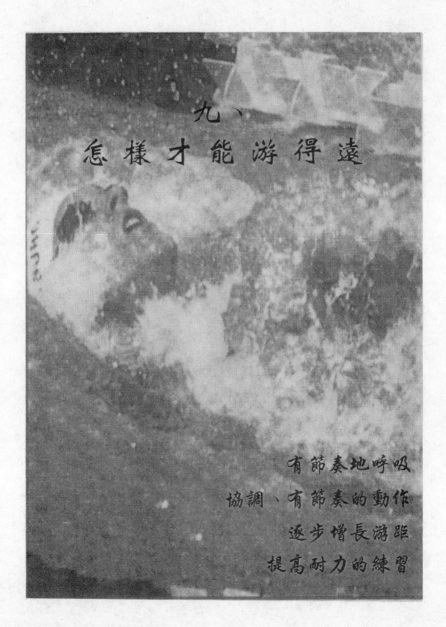

九、
怎樣才能游得遠

有節奏地呼吸

協調、有節奏的動作

逐步增長游距

提高耐力的練習

九、怎樣才能游得遠

　　仰泳類似爬泳，亦稱「反爬泳」。由於仰泳手臂入水動作是反肩關節運動，故依賴轉體動作完成。因此，游仰泳時身體繞縱軸轉動更明顯，更重要。仰泳鼻嘴露在水面上，呼吸就相對容易和簡單，採用仰泳進行長游也多見於不同年齡。

　　仰泳由於眼睛是朝上看，視覺受到一定的限制，其方向性要差一些，在游進過程中確定可參照的目標，調整游進的方向尤其重要。

　　仰泳身體姿勢是游好仰泳的基礎，身體在水中呈仰臥姿勢，在重力和浮力作用下，容易產生屈髖的錯誤動作；不規範的手臂動作也易造成身體左右擺動，這些都給仰泳游進時保持正確的身體姿勢帶來了困難，所以有人認為仰泳技術中最難掌握的是身體姿勢。

　　為了在游進過程中有效地控制身體姿勢，軀幹緊張程度要比其他三種泳式稍高一些。

　　仰泳兩臂划水動作是手臂內收的動作，比起手臂屈伸動作來說，內收力量要相對弱，沒有經過專門的力量

訓練，在游進時就容易疲勞。

以上這些因素都會對我們游長距離仰泳產生影響。在初步掌握了仰泳基本技術之後，要想游得遠，除了進一步改進和提高技術外，還需循序漸進地進行針對性的練習，增強體能，發展水中運動能力。

1. 有節奏地呼吸

仰泳雖不受呼吸動作的限制，但這並不是說可以隨便呼吸，呼吸仍然要保持吸氣、閉氣、呼氣的動作節奏，並與手臂動作保持良好的協調配合。呼吸與手臂動作的配合方式是一側手臂轉肩提臂時吸氣，此時吸氣剛好避開了由於移臂動作而造成的浪花，不會因張嘴吸氣時而吸進水。移臂到划水動作時應在短暫閉氣後再呼氣，推水時加快呼氣。

在游進過程中呼吸要充分，要吸得進呼得出，加大呼吸深度，有利於提高呼吸效率和質量，這種自然、充分、有節奏的呼吸動作，是游長距離仰泳的基本保證。

2. 協調、有節奏的動作

仰泳兩臂配合的主要形式是「後交叉」，「後交叉」配合使兩臂處於相對位置，在打腿動作的協調下，使游進中兩臂動作連貫對稱，游速均勻，保證了兩臂配

合緊湊、節奏明快的技術特徵。

兩臂動作伴隨著身體繞縱軸的自然勻速的滾動，身體滾動協調了兩臂的划水動作，與爬泳一樣是一側滾向另一側，身體自然而有節奏地滾動是建立在頭部位置穩定的基礎上，如同船的舵一樣，仰泳頭部動作影響游進的方向和身體姿勢，因此，在游進過程不允許頭部有任何動作，這一點應引起初學者高度重視。

仰泳完整配合有兩種形式，一種是 2：6 形式，即划臂兩次打腿六次。另一種是不規則打腿，即划臂兩次打腿次數不一定是六次。後一種是初學者常採用的配合形式，但不是理想的 2：6 配合形式。因此，從無序到有序是初學者從不規則打腿配合過渡到 2：6 配合形式的必然結果，也是最終掌握正確的仰泳技術、形成協調而有節奏動作的基本要求。

協調而有節奏的動作在一定程度上體現了動作的實效性和經濟性，仰泳游進時能夠輕鬆、省力，這無疑對仰泳長游更有利。

3. 逐步增長游距

逐步增大游距是依據生物力學規律提出的，練習所引起運動能力、技術水準的提高和生物力學變化是一個漸進的過程。

仰泳游距的延長是建立在技術、技能和體能等多因素綜合提高的基礎上，因此，我們不能單純認為僅僅是一種距離變化的結果。逐步增長仰泳游進的距離，強調了距離延長與人綜合游泳技能提高的邏輯關係，遵循了生理適應性變化的規律。

逐步增長游距要求距離的增加要有計劃、有步驟，不能盲目進行。在初學階段，一般以一課或一日或一周為一個游泳距離單元，每一個距離單元增加的幅度，依不同對象以及技術掌握情況而有所區別。

距離增加要與練習者目前身體狀況相適應，應控制在目前身體機能狀況允許之內，如果是患有較重疾病的練習者，一定要遵照醫囑，切忌盲目增加游距。對有游泳天賦的少年兒童，更應遵循逐步增長游距，使距離的增加與少年兒童生理發育規律相吻合。

4. 提高耐力的練習

對初學者來說，增長游距是最好的耐力練習，但游泳距離達到一定程度時，僅靠距離增加提高耐力水準顯然是不夠的，還需依靠練習強度的提高。

從練習方法上講，耐力練習常採用長距離游、變速游、間歇游等方法，這些已經在本叢書的《蛙泳技術與練習》一書中介紹，請參閱。這裡著重談談練習負荷。

負荷包括強度和數量兩個變量，對於鍛鍊身體，負荷應控制在 150 次／分的心率水準並持續 30 分鐘以上，這樣的負荷水準對身體影響較大且不會傷身體，能收到良好的鍛鍊效果。

十、
怎樣才能游得快

減小阻力和增大推進力

適宜地加快頻率和增大划步

良好的出發和轉身

技術練習

提高速度的練習

提高速度耐力的練習

系統科學地訓練

十、怎樣才能游得快

　　仰泳達到一定距離後，提高仰泳游進速度便成為仰泳愛好者追求的另一種目標。怎樣才能使仰泳游得快呢？為幫助初學仰泳者較快地提高仰泳游速，我們介紹下列一些技術要求和練習內容。

1. 減小阻力和增大推進力

　　減小阻力就應使身體在游進中保持良好的身體姿勢，這有利於身體形成流線型，減小身體軀幹的壓差阻力。減小阻力的另一方面就是游進過程的阻力，身體在游進中由於兩臂、兩腿動作，保持正確身體姿勢比靜止狀態就更加困難。

　　仰泳主要是由兩臂交替划水動作推進身體前進，單一手臂動作的路線、方向和角度，稍有改變便會造成身體的擺動，兩臂動作的一致性和對稱性有利於身體保持良好的姿勢；另一方面是頭部穩定，這有利於仰泳直線游進，避免左右方向上的阻力。

　　增大仰泳划水的推進力，除了手臂動作要保持高肘

屈臂、曲線加速划水的基本要求外，特別要強調手臂入水後抓水要較深、發力較遲、手臂靠近身體划水的技術要求。有人曾形象地比喻仰泳划水動作像手臂抱一個球，向腳方向扔去。仰泳划水力量的專項性很強，手臂內收式的划水動作不經過專門練習，很難達到技術要求，因此，要經常進行符合仰泳動作的陸上拉力力量練習和水上力量練習，增強手臂內收肌群的力量，增大仰泳的推進力。

2. 適宜地加快頻率和增大划步

仰泳手臂動作頻率是指單位時間內手臂動作重複的次數。計算仰泳動作頻率是以 10 個動作（5 個動作周期）所耗時間來表示。目前世界優秀仰泳運動員動作頻率為 4～5 秒／10 個動作。在游泳運動中，動作頻率的增加是以保持划水效果為前提的，從世界優秀運動員動作頻率和划步變化規律來看，運動成績的進步主要是在保持和穩定動作頻率的基礎上，最大限度地增大划步，即提高划水的效果。

對初學者來說，提高仰泳動作頻率主要是強調手臂推水後應立即轉肩提臂出水，而不應在體側停留，保持兩臂動作的連貫性和對稱性，而加快划水速度則需要專項力量的提升。

划步反映了一個動作周期身體位移的實際距離，通常用平均划步來表示，如出發 50 公尺仰泳，假如出發距離為 10 公尺，則游進距離為 40 公尺，運動員共划了 25 次臂，平均划步為（40／25）1.6 公尺。

對初學者來說，提高划水效果的潛力大。划步取決於正確技術動作保證和專項力量的增強，在此階段應把重點放在提升技術效率上，改進技術、提升技術的實效性是其主要任務。

3. 良好的出發和轉身

仰泳是惟一在跳臺下出發的姿勢，所以仰泳出發騰空低、距離短。又由於仰泳出發騰空入水後能充分利用水下做反蝶泳腿，故仰泳滑行距離較長。

由此可見，仰泳出發不僅僅決定於起跳效果，還決定於滑行技巧和時間。仰泳出發起跳是關鍵，由於腳蹬在池壁，發力效果遠不如臺上出發，起跳後身體向後上方騰起並形成抬頭挺胸的反弓形姿勢，有利於減小身體入水時對水面的衝擊力。蹬壁發力前充分吸一口氣，對水下滑行十分重要。當滑行速度接近比賽速度時，做快速的反蝶泳打腿以維持滑行速度。

滑行結束用什麼動作銜接途中游，有兩種不同的觀點：一種認為滑行結束身體接近水面時，直接用仰泳划

臂動作過渡。另一種觀點認為,用雙臂划出水面,然後接途中游就顯得比第一種更為積極主動,有利於提高速度。從仰泳出發的整個過程看,出發效果受起跳效應、滑行的速度感、深度感和動作技巧的影響。

目前採用的仰泳轉身技術是前滾翻轉身技術,快速的前滾翻轉身不僅要求游近池壁加速,而且判斷身體轉成俯臥的時機要準確,動作要連貫,順勢划水要充分有效。準確判斷身體距池壁距離的方法是,頭一過仰泳轉身標志線——繩旗便開始數動作次數,而不是轉(偏)頭去看,確定身體轉成俯臥的位置,這一點依賴練習者平時反覆練習。前滾翻動作同爬泳一樣要求回頭折體快,腿擺動迅速成仰臥蹬出。轉身後的滑行請參看本書仰泳出發與轉身。

4. 技術練習

仰泳技術練習圍繞仰泳的基本技術和核心技術展開,基本技術反映技術的規範程度,是仰泳技術的基礎;核心技術是仰泳游進的動力來源。在技術練習中,我們可以依據仰泳技術特點改進和設計技術練習的各種各樣的方法和手段。

仰泳手腿動作練習:扶板打腿、手臂前伸打腿、兩手置於體側打腿、一臂前伸另一手臂做移臂動作的打

腿、夾板划臂、各類單臂交替划臂與腿動作配合、仰泳雙臂同時划水等練習。在陸上還可以做臂腿動作的模仿練習，提高局部技術的準確性和規範性。

仰泳配合技術練習主要有：單臂配合游、不同單臂動作次數交替配合游，正常節奏配合游等，強化練習者控制動作的能力和掌握正確的配合動作節奏，提高仰泳配合游的動作技巧。

5. 提高速度的練習

提高速度的練習主要是短距離快速游，以提高身體位移速度。如 15～50 公尺（出發或蹬邊）仰泳計時游、控制呼吸次數衝刺游、快速打腿和划臂等。

快速動作練習，對提高動作的絕對速度效果明顯，有助於提高游進速度。這類練習通常在原地進行（水中或陸上），採用分解動作計時、計數等手段提高動作速度，也可結合陸上拉力練習或水上划水動作進行。

6. 提高速度耐力的練習

速度耐力是一種速度能力的體現，人在氧供應不足的情況下的持續運動，其運動能力取決於機體無氧代謝能力，凡是發展機體無氧代謝能力的練習都能促進提高速度耐力水準。

提高仰泳游進的速度耐力，通常有間歇練習法、重複練習法、變速練習法等。練習距離 50～400 公尺之間，總距離量因人而異，一次課約控制在 800～1000 公尺之內。速度耐力練習強度高，練習時心率達到或接近本人最大心率的極限值；游進速度要求以接近本人最大速度的 90％以上速度完成練習；練習之間的休息控制在 1：1～8 範圍，即練習 1 分鐘，間歇 1～8 分鐘。

7. 系統科學地訓練

　　訓練系統化、科學化是提高仰泳運動水準的保證。對初步掌握仰泳技術動作的游泳愛好者來說，接受訓練有兩種形式。

　　其一，參加游泳俱樂部或游泳學校之類的專門學校，在具有一定專業素養的教練員指導下接受正規訓練，這類訓練系統科學，而且訓練效果明顯。

　　其二，自我訓練或在家長指導下訓練，這種形式的訓練簡便，適宜初訓階段，但隨意性大，且專業水準參差不一，難以保證訓練的科學性和系統性，尤其達到一定運動水準時，這類訓練就不能滿足進一步提高運動水準的訓練要求。

　　系統訓練強調游泳訓練應持之以恆，不可三天打魚，兩天曬網。系統訓練保證了鍛鍊效應的累加效果，

有助於技術、技能的提高和體能的發展。保證系統訓練的關鍵是自覺性和計劃性，前者受主觀因素的影響，應培養終身體育鍛鍊的習慣，形成良好、健康的生活方式尤為重要。後者受計劃的可行性影響，依據不同時期、不同層次的訓練目標和任務以及硬件條件，制定科學合理、切實可行的訓練計劃，有利於訓練計劃的實施。

科學化訓練的核心是遵循人體生物力學發展規律和訓練學規律，在增進身體健康的前提下，不斷提高游泳技術水準和運動成績。因此，在訓練設計方面應注意下面幾點：

（1）合理安排訓練時間間隔和單一訓練持續時間。

（2）合理確定各訓練內容在不同時期階段的訓練分量。

（3）合理安排運動負荷。負荷由數量和強度組成，不同負荷結構決定了負荷作用方向（優先發展規律）。

（4）科學合理地變更訓練計劃和手段，因人、因時、因地而異，強調計劃與手段的針對性和有效性。

十一、
仰泳知識介紹

常識類

比賽規則類

仰泳等級標準及紀錄

名人類

十一、仰泳知識介紹

1. 常識類

（1）嬰兒游泳的意義有哪些？

游泳對嬰兒健康有著良好的影響。斯·甫爾索夫博士在 1982 年對莫斯科地域以內的 1000 名定期參加游泳的嬰幼兒和 1000 名不參加游泳的嬰幼兒進行比較，結果表明，參加游泳的嬰幼兒的發病率為不參加游泳的嬰幼兒的發病率的 25%。

諾·添爾耶夫教授在列寧格勒對上千名參加游泳的嬰幼兒進行了 15 年的觀察，發現參加游泳的嬰幼兒很少生病，有 75% 以上極少患傷風感冒，甚至原來多病的嬰幼兒參加游泳後，增強了體質，也很少患病，身體發育和精神面貌都超過一般幼兒，與同齡孩子相比，能提起更重的東西，食欲旺盛。

讓初生嬰兒游泳還有著重大意義。嬰兒游泳的能力是與生俱來的，嬰兒降生初期還保持著母體羊水中生活

的各種習慣，所以嬰兒一生下來就會游泳，這種能力能持續到降生後的兩個月。讓嬰兒進行游泳，最好是在嬰兒降生後兩週開始，不然，他們在水中的浮游能力就會下降，對水的反應能力也逐漸減弱，游泳能力也會隨之而消退。如果把初生嬰兒放在水中，使他們在水中的活動能力得以保持，他們可以自由自在地在水中漂浮。

嬰兒在水中活動的能力，純屬無意識的活動，他們會在水中休息，也會把頭伸到水面來吸氣，同時嬰兒具有水中閉氣的能力。

（2）游泳者進行日光浴對身體有哪些好處？

在露天游泳池游泳時，游泳同日光浴是同時進行的。游泳者在游泳起水休息的間歇時間中，總喜歡躺臥在陽光下，曬曬太陽，使身體熱量增加而感到舒服暖和。其實游泳同日光浴交替進行，對人體的好處遠非如此。

首先是日光中的紫外線能夠刺激興奮過程，提高中樞神經系統的緊張度，從而活躍全身器官的機能。人們透過陽光適當照射後，能感到精神振奮，心情愉快。

陽光中的紫外線，不僅具有很強的殺菌作用，可提高身體的免疫能力，還能促進體內維生素 D 的合成，從而能保證體內鈣、磷的正常代謝，使骨質不致缺乏鈣、

磷等無機物，這對嬰兒、幼兒更有特殊的健康作用。

日光的照射能影響心臟活動，加速血液和淋巴流動，增加心臟每搏輸出量，使呼吸加深，肺通氣量加大。

日光的照射能使調節體溫的神經中樞受到鍛鍊，增強身體對熱環境的適應能力和對外界高溫的耐受力。特別是游泳和日光浴交替進行，可使游泳者在不斷變化的高、低溫環境中進行活動，這樣就能大大地提高人體的體溫調節機能和對環境溫度變化的適應能力。

日光的照射能促使皮膚的色素增加，這不僅能使皮膚的顏色加深，成為一種健康的外觀，而且還可保護身體深層的組織，使它們不致因日光的過量照射而造成損傷。

根據日光的上述功能，游泳時進行日光浴，可防治佝僂病、骨軟化症、抑制型的神經官能症、功能性心血管疾病、慢性風濕病以及類風濕關節炎等慢性疾病。

（3）游泳時可能導致哪些皮膚病的發生？應如何防治？

游泳時，游泳者的身體長時間浸泡在池水之中，使水中的細菌容易同身體表面的皮膚接觸或附著於皮膚之上，尤其是在衛生檢查不嚴、池水污染嚴重和消毒不徹

底的情況下，更容易導致皮膚疾病的發生。

　　游泳中常見的皮膚病，主要有體癬、股癬和足癬三種。

　　因游泳而引起的體癬、股癬和足癬的原因，主要是衛生檢查不嚴格和池水消毒不嚴的情況下，癬症患者入池游泳，使帶有大量皮絲狀菌的癬屑脫落在水中。由於這種細菌對外界因素的抵抗力相當強，在一般消毒劑中不易死亡，在水中可生存一年以上，因而十分易於在游泳池中傳播。

　　體癬和股癬的症狀基本相同，主要症狀是皮膚發癢，開始時起小疹子，逐漸向周圍擴散，形成塊狀和圓圈，邊緣高出皮膚表面，由許多細小的疹子和小泡排列而成，顏色鮮紅或暗紅，抓破後結痂、脫屑。

　　體癬和股癬的防治方法：

　　①嚴格游泳池的衛生檢查制度，嚴禁皮膚病患者入池游泳。

　　②不在消毒不嚴和污染嚴重的游泳池中游泳。

　　③游泳後要認真淋浴，並用肥皂遍擦全身後再沖洗。

　　因游泳而導致足癬發生的原因，是足癬患者入池游泳和游泳池洗腳池的池水消毒不嚴格。

　　足癬的症狀：腳底、趾間出現成群和分散的水泡，

有時幾個小水泡又融合成一個大水泡，但很少蔓延到腳背。

足癬的防治方法：

①游泳入池前，應先在洗腳池中洗腳、消毒。

②游泳後，先在洗腳池中消毒，然後用浴液或藥皂清洗。

（4）游泳為什麼能治療多種慢性病？

游泳不僅同許多體育運動項目一樣，對多種慢性疾病有一定的治療作用，而且還有其獨特的治療價值，其主要原因有以下幾點：

①游泳是在陽光、空氣、冷水三浴兼有的良好的自然環境中進行的體育運動項目，從而集中了陽光浴、空氣浴和冷水浴對人的所有療效。

②游泳鍛鍊是一種全身性的鍛鍊，因而它對疾病的治療也是一種綜合性、全身性的治療。由游泳鍛鍊，可增強人體神經系統的功能，改善血液循環，提高對營養物質的消化和吸收，從而能增強體質，增加對疾病的抵抗力，並獲得良好的治療效果。

③游泳鍛鍊能增強人體各器官、系統的功能。慢性病病人透過游泳鍛鍊，可增強發育不健全的器官、系統的功能，使已衰弱的器官、系統的功能得到恢復和增

強，從而使疾病得到治療。

④游泳鍛鍊既可陶冶情操、磨煉意志，培養人同大自然搏鬥的拼搏精神，又能使病人建立起戰勝疾病的信心，克服對疾病畏懼煩惱的消極心理，因而十分有利於健康的恢復和疾病的治療。

（5）為什麼仰泳沒有蝶泳快？

從動作結構特點來看，仰泳兩臂輪流交替划水，兩腿上下交替打腿、動作姿勢連貫、匀速性等同爬泳，優於蝶泳。但由於人的仰臥姿勢，限制了人充分揮雙臂的肌肉力量，人體肩帶大肌肉群也由於仰泳划臂路線的限制，無法發揮出最大作用。

蝶泳雖有階段性的空中移臂使蝶泳的匀速游進受到妨礙，但在蝶泳持續不停的海豚狀打腿的作用彌補下，與雙臂同時入水發力划水的額外補償，蝶泳的速度一般快於仰泳。

（6）冬泳為什麼能防治感冒？

經常參加冬泳的人，很少患感冒，即使在寒潮侵襲氣溫驟降和衣著十分單薄，甚至在同一環境條件，周圍的人都患了感冒的情況下，也很少感冒。這是什麼原因呢？

我們首先來看一個實驗：冬天，一個從未經冬泳鍛鍊的人，將兩腳浸在冷水中，由於冷水的刺激和血管的彌散性反應，人的鼻粘膜內的毛細血管立即收縮，原來紅潤的鼻粘膜也很快地變成了白色，溫度也隨即下降，鼻粘膜纖毛的擺動也不活潑了。這種現象表明，因寒冷的刺激，會反射性地使鼻粘膜的供血量大大減少，粘膜得不到營養，抵抗力迅速下降，病菌、病毒乘虛而入，從而使人發生感冒。

　　而經常參加冬泳鍛鍊的人，即使將兩腳較長時間放入更低溫度的水中，彌散性的血管反應也較少，雖然鼻粘膜的毛細血管開始也可能發生收縮，但經過 30 秒到 1 分鐘，原來收縮的毛細血管重新擴張。由此可見，經常參加冬泳鍛鍊的人，對外界環境溫度變化的適應能力較強，遇到冷刺激後，體內立即會產生大量的熱量來補充損失的熱能，而且鼻粘膜本身由於長期的低溫鍛鍊而使抵抗力得到增強，即使減少了一些血液供應，也不會讓病菌、病毒等輕易侵入。因此，經常參加冬泳鍛鍊的人，很少患感冒和由感冒引起的並發症。

（7）游泳者發生溺水時應如何自救？

　　游泳者溺水的自救，是在沒有他人救助的情況下，溺水者由自己的努力，使自身獲救的救生方法。

其具體的做法是：

當游泳者因嗆水、抽筋或體力不支而發生溺水時，切勿驚慌失措，要保持精神鎮靜，並迅速將身體翻轉成仰臥或踩水姿勢，使口鼻露出水面，以保持呼吸的暢通。呼吸時，應用口充分吸氣，用鼻緩緩呼氣，並不要將氣呼完，以使肺中貯留部分空氣，而使身體保持較大的浮力。同時，溺水者的兩臂應連續而有節奏地在體側輕微用力，做較小的划水、壓水動作，兩腳不停地向下蹬水或打水，以增加身體上浮的作用力，從而使自己的身體能浮於水面而不致下沉。

溺水時，溺水者切忌將手伸出水面掙扎或呼救，因為身體的任何部分必須在水中才能受到水的浮力作用，當胳膊和上體離開水面後，導致身體上浮的浮力減小，身體下沉。

一般情況下，溺水者只需將口、鼻露出水面，使呼吸保持暢通，即可保證自己的安全，因此，游泳者應將除頭部以外的軀體和四肢全部置於水中。溺水者的臂、腿在做划水、壓水動作和蹬、打水時，動作應輕、緩，用力不可過猛，切忌在水中用力猛划、亂蹬，以免加快身體的疲勞，加速身體的下沉。

溺水者經過短暫的休息，待情緒穩定後，再根據發生溺水的原因，進行自我解救。如抽筋，可採用牽引拉

長肌肉的辦法排除；嗆水，採用調整呼吸的辦法排除；
體力不支，可採用踩水和仰臥的辦法進行休息，待體力
恢復後，再游向岸邊。

游泳者發生溺水以後，如遇他人的救護，必須對救
護者的救助進行積極的配合。此時，溺水者應絕對服從
救護者的指揮，迅速抓住救護者遞送的救生器材，但絕
不可抓住救護者的身體，否則不僅會因救護者無法施展
游泳和救生技術，而且會使營救工作功虧一簣，還有可
能使溺救雙方遭到滅頂之災。

（8）怎樣克服急流？

遇上急流，要沉著冷靜，絕不能驚慌失措。首先要
判斷急流的方向，注意水下是否有岩石、暗礁、木椿等
障礙物，然後再採用蛙泳進行慢游，並注意觀察水情。
當進入（或接近）急流區時，應竭盡全力用爬泳迅速游
離急流區，或迅速通過急流區，向溺水者或傷員的上方
游去。

（9）怎樣克服漩渦？

遇上漩渦，要勇敢、沉著，切莫緊張害怕，也不要
冒險逞能。如果碰上了大漩渦，應在漩渦外周沿順時針
的運動方向（順漩渦水流）迅速離開，或沿漩渦的下方

繞道而過。一旦誤入漩渦要絕對冷靜、沉著，極力使身體橫臥於水面。

稍休息片刻，立即沿離心力的方向迅速游離漩渦，切不可將身體直立於水中，以免被漩渦捲入而不能自救。遇到小漩渦時，可用爬泳或蛙泳使身體保持平臥於水面，然後沿離心力的方向迅速游離漩渦。有條件時，可用漂浮器材或救生用具進行搶救。

（10）怎樣克服風浪？

遇上風浪，關鍵是注意呼吸。呼吸時要轉向順風一側，用蛙泳或爬泳向前游進。如果碰上了較大的風浪，可根據浪峰的高低和大小，採用潛泳的方法進行躲避。在高浪到來之前應迅速換氣，接著潛入浪中，深度一般在1公尺左右。待浪峰過後迅速露出水面進行換氣。

（11）怎樣預防及處理嗆水？

嗆水就是水從游泳者的鼻腔、咽喉進入呼吸道而產生反射性的劇烈咳嗽動作。游泳者嗆水後若處理不當，則有被溺或窒息的危險。游泳者學會和掌握了游泳呼吸方法，就能避免嗆水。游泳時正確的呼吸方法，一般是用口吸氣、口鼻呼氣。

一旦發生嗆水，應該鎮靜、沉著，用踩水或蛙泳動

作使身體保持平穩，然後用力咳嗽打噴嚏，便可把進入咽喉部或鼻腔的水迫出，嗆水就解決了。

（12）誰是第一個渡過英吉利海峽的女子？

1926 年，格特魯德·埃德勒成為第一個渡過英吉利海峽的女子，那時她 18 歲。

格特魯德·埃德勒不僅是橫渡英吉利海峽第一女性，同時也是 1924 年奧林匹克運動會最優秀的游泳運動員。當時她在巴黎獲得了一枚金牌（創造了 400 公尺自由式接力的世界紀錄）和兩枚銅牌（100 公尺自由式、400 公尺自由式）。她曾贏得過多次全國冠軍並打破了 9 項世界紀錄。

格特魯德·埃德勒出生在紐約，第一次嘗試橫渡海峽是 1925 年 8 月 18 日，但她在水中游了 9 個小時後就被迫停止了。

僅僅一年後，1926 年 8 月 6 日，18 歲的格特魯德·埃德勒成功地從法國游到了英國。在 20 年代，一名女子僅僅是想游過英吉利海峽，然而這樣的企圖卻要被人們所嘲笑。她用 14 小時 31 分的時間游了大約 35 英里，此成績比以往任何征服過該海峽的男子成績都要好。

格特魯德·埃德勒還參加輕歌劇、電影的演出，並

進行游泳表演，包括與藝人比利·羅斯一起參加了1939年的紐約世界博覽會。她的游泳成就有助於使公眾確信，婦女是能夠從事艱苦的體力活動的。

（13）橫渡直布羅陀海峽的第一位中國人是誰？

臺灣游泳健將王瀚1986年8月22日成功地游過直布羅陀海峽，成為有史以來第一位游過這個海峽的中國人。

西班牙最南端隔直布羅陀海峽與非洲的摩洛哥相望。這裡三面都是懸崖，鯨魚出沒，來往船隻頻繁。王瀚於當天上午10時45分從西班牙最南端的塔里法下水，至下午7時游抵直布羅陀海峽對岸的摩洛哥，歷時8小時15分，游程近40公里。當時海峽的水溫只有15攝氏度，曾遇兩條鯨魚，對他造成很大威脅。游程中，王瀚曾數次飲用薑湯禦寒，終於完成了橫渡直布羅陀海峽的壯舉。

（14）游泳者橫渡江河、海峽時應注意哪些問題？

橫渡江河、海峽不同於游泳池內的游泳鍛鍊，這項運動不僅需要熟練的游泳技術，良好的耐力素質，而且

還需要掌握一定的游渡方法和技巧。

横渡江河,首先應根據水的流速選好起點和終點。一般情況起點和終點應是斜對的,起點在上游,終點應在對岸下游。水流較緩時,起止點的斜線距離可縮短;水流較急時,其斜線距離應加大。

其次是應判明水的流向,儘管江河中的水都是從上游流向下游,但在個別河段其主流有可能偏向一側河岸,因此,進行橫渡時,應順主流前進,不可逆主流橫渡。

横渡海峽時,首先應了解漲潮和落潮的時間,注意使到達終點前體力消耗較大的游程避開退潮的時間,以免因退潮而增大游進時的阻力,影響橫渡者順利地到達終點。

其次是應判明風向。游泳時應順風游進,這樣既可節省體力,又可避免撲面而來的波浪干擾游渡者的視線和將海水灌注入口、鼻而發生喝水、嗆水現象。

此外,横渡江河、海峽還應注意以下幾點:

①横渡前應進行安全教育;準備好救生器材,掌握其使用方法;並按技術好壞進行搭配分組(一般一組3～5人)。

②游進中應採用省力和便於觀察的蛙泳、爬泳、側泳游進。穿越急流時,可採用抬頭爬泳。體力不支需休

息時，可採用速度較慢的仰泳。一般不採用消耗體力較大的蝶泳。

③游渡時，始終按所編組隊前進，游泳技術差的居中，技術好的在前後，以便進行保護。

④游泳橫渡距離在 3000 公尺以上的，應有救助保護船尾隨其旁，船上應有專職救護人員、救生器材和急救藥品；橫渡時間超過 3 小時，船上還應準備飲水和食品。

2. 比賽規則類

（1）仰泳比賽出發規則

仰泳比賽，運動員須從水中出發。當聽到總裁判長發出長哨聲信號後，運動員下水。在總裁判發出第二聲長哨時應迅速游回池端做好準備，運動員面對出發端，兩手抓住握手器，兩腳（包括腳趾）應處於水面下，禁止蹬在水槽內或水槽上或用腳趾勾住水槽邊。當發令員發出「各就位」的口令後，運動員在水中做好出發準備。當所有運動員都處於靜止狀態時，發令員發出「出發信號」（鳴槍、電笛、鳴哨或口令）。運動員在聽到「出發信號」後才能做出發動作。

運動員如在「出發信號」發出之前出發，應判出發

搶碼犯規。第一次出發如有運動員搶碼犯規，發令員召
回運動員並組織重新出發。第二次出發，無論哪名運動
員搶碼犯規（不論該運動員是第幾次犯規），均被取消
比賽資格或錄取資格。如果比賽規程規定該比賽採用
「一次出發」規則，則在第一次出發時，凡搶碼犯規
者，都被取消比賽資格或錄取資格。

（2）仰泳比賽游進中規則

在整個游程中，運動員的身體必須呈仰臥姿勢，除
在做轉身動作外，運動員必須始終仰臥（仰臥姿勢允許
身體做轉動動作，但必須保持與水平面小於 90°的仰
臥姿勢，頭部位置不受此限）。除在出發和每次轉身
後，運動員可潛泳 15 公尺（在 15 公尺前運動員的頭部
必須露出水面）外，在整個游進過程中，運動員身體的
某部分必須露出水面。

（3）仰泳比賽轉身規則

仰泳轉身時，可用身體任何部分觸池壁。在轉身過
程中，當運動員肩的轉動超過垂直面後，可進行一次連
續單臂划水或雙臂同時划水動作，並在該動作結束前開
始滾翻。一旦改變仰臥姿勢，就必須做連貫的轉身動作
（不允許停頓轉身動作做滑行、打腿或划臂動作）。運

動員必須呈仰臥姿勢蹬離池壁。

（4）仰泳比賽到達終點規則

運動員在到達終點時，必須以仰臥姿勢觸壁。

3. 仰泳等級標準及紀錄

（1）全民健身仰泳鍛鍊標準

性別	等級 / 成績 / 項目	一級（飛魚）		二級（鯨魚）		三級（海豚）		四級（海豹）
		50公尺池	25公尺池	50公尺池	25公尺池	50公尺池	25公尺池	
男子	50公尺仰泳	52：00	51：00	1：12.00	1：11.00	1：42.00	1：41.00	用競技游泳姿勢連續游200公尺
	100公尺仰泳	1：53.00	1：51.00	2：29.00	2：27.00	3：29.00	3：27.00	
	200公尺仰泳	4：05.00	4：02.00	5：03.00	5：00.00	7：03.00	7：00.00	
女子	50公尺仰泳	56.00	55.00	1：18.00	1：17.00	1：48.00	1：47.00	用競技游泳姿勢連續游200公尺
	100公尺仰泳	2：02.00	2：00.00	2：41.00	2：39.00	3：41.00	3：39.00	
	200公尺仰泳	4：48.00	4：15.00	5：27.00	2：24.00	7：27.00	7：24.00	

（2）游泳運動員仰泳技術等級標準

性別	項目	國際級健將 50公尺池	國際級健將 25公尺池	運動健將 50公尺池	運動健將 25公尺池	一級 50公尺池	一級 25公尺池	二級 50公尺池	二級 25公尺池	三級 50公尺池	三級 25公尺池	少年級 50公尺池	少年級 25公尺池
男子	50公尺仰泳												
男子	100公尺仰泳	57.28	56.28	1：00.50	59.50	1：05.00	1：04.00	1：15.00	1：14.00	1：31.00	1：30.00	1：56.00	1：55.00
男子	200公尺仰泳	2：03.95	2：01.95	2：10.00	2：08.00	2：20.00	2：18.00	2：43.00	2：41.00	3：18.00	3：15.00	4：08.00	4：06.00
女子	50公尺仰泳											52.00	51.00
女子	100公尺仰泳	1：03.92	1：02.92	1：07.00	1：06.00	1：10.00	1：09.00	1：22.00	1：21.00	1：42.00	1：41.00	2：00.00	1：59.00
女子	200公尺仰泳	2：15.82	2：13.82	2：23.00	2：21.00	2：31.00	2：29.00	2：55.00	2：53.00	3：40.00	3：38.00	4：12.00	4：10.00

（3）仰泳全國、亞洲、世界紀錄（50公尺池）

性別	項目	全國紀錄			亞洲紀錄			世界紀錄		
		成績	運動員	創造時間	成績	運動員	創造時間	成績	運動員	創造時間
男	50公尺仰泳							24.99	克雷澤博格（美）	1998.8
	100公尺仰泳	56.04	林來九	1993	55.05	鈴木大地（日）	1988	53.60	克雷澤博格（美）	1999.8
	200公尺仰泳	1：58.72	付勇	1997	1：58.72	付勇（中）	1997	1：55.87	克雷澤博格（美）	1999.8
女	50公尺仰泳							28.67	中村眞衣（日）	2000
	100公尺仰泳	1：00.16	賀慈紅	1994.9	1：00.16	賀慈紅（中）	1994.9	1：00.16	賀慈紅（中）	1994.9
	200公尺仰泳	2：07.40	賀慈紅	1994.9	2：07.40	賀慈紅（中）	1994.9	2：06.62	艾蓋爾塞吉（匈）	1991.8

4. 名人類

吳傳玉（1928～1954）

中國男子游泳運動員，祖籍福建，生長在印度尼西亞沙拉蒂加。1951 年曾代表印尼參加在柏林舉行的第三屆世界青年聯歡節，獲得 100 公尺仰泳第二名、100 公尺蝶泳第三名；緊接著在國際游泳邀請賽中，又獲得 100 公尺自由式、100 公尺仰泳、100 公尺蝶泳 3 項冠軍。1951 年，他懷著報效民族之心回國，並參加了一系列比賽，取得了優異成績。

1952 年，他代表中國參加了在赫爾辛基舉行的第十五屆奧運會游泳比賽。1953 年，在第四屆世界青年與和平友誼聯歡節運動會游泳比賽中，吳傳玉以 1：08.4 的優異成績奪得 100 公尺仰泳冠軍，在重大國際比賽中為新中國取得了第一枚游泳金牌，五星紅旗首次在國際比賽運動場上空飄揚。

1954 年 7 月，他參加了國際學聯組織的第十二屆世界大學生夏季運動會游泳比賽，並獲得 100 公尺仰泳和 100 公尺蝶泳的第二名。

1954 年 10 月 29 日，在赴匈牙利學習途中，不幸因飛機失事遇難，年僅 26 歲。

林莉（1971～　　）

中國女子游泳運動員，江蘇南通人。奧運會、世界錦標賽冠軍、世界紀錄創造者。林莉從氣質到長相都像男孩子，體力充沛、性格勇敢內向、訓練很刻苦。誰也想像不到的是，張雄教練當年是從將要被淘汰的運動員中發現林莉的。

1989 年，她在全國比賽中 9 次刷新 6 項全國紀錄，獲 6 枚金牌。同年在日本舉行的泛太平洋國際游泳賽與加拿大世界杯短池賽上打破兩項亞洲紀錄、奪得 4 枚金牌，她的 200 公尺個人混合泳成績列當年世界第二位。1990 年在第十一屆亞運會上，她奪得 200 公尺蛙泳、200 公尺仰泳、200 公尺和 400 公尺個人混合泳 4 枚金牌，她 200 公尺個人混合泳以 2：13.16 的優異成績列當年該項目世界最好成績。

1991 年，在第六屆世界游泳錦標賽上，林莉技壓群芳，戰勝了美國名將桑德斯等人，奪得 200 公尺、400 公尺個人混合泳兩枚金牌，使她在世界泳壇上熠熠生輝。1992 年在巴塞羅那奧運會上，她獲得女子 200 公尺個人混合泳金牌（成績為 2：11.65），並刷新該項目世界紀錄。她還在 200 公尺蛙泳和 400 公尺個人混合泳中奪得兩枚金牌，成績分別是 2：26.85 和 4：

36.73。

1993 年在第七屆全運會上，林莉奪得金、銀、銅牌各 1 枚。她的 200 公尺個人混合泳成績 2：12.02 排列當年世界第一位、400 公尺個人混合泳列當年世界第二位、200 公尺蛙泳排列第四位、200 公尺仰泳排列第十一位。當同期被選入國家隊的其他的幾位隊友紛紛退出泳壇之際，為了游泳事業和祖國的榮譽，這位全能型的運動員毅然留下來，為第十二屆亞運會做準備。

在 1994 年舉行的第十二屆亞運會上，她不負祖國和人民的重托，奮力拼搏，在 400 公尺個人混合泳比賽中以 4：36.10 的成績奪得金牌，為她的游泳生涯劃上了一個完整的句號。

賀慈紅（1975～　）

中國女子游泳運動員，浙江寧波人。她 10 歲學會游泳，同年進寧波市業餘體校，12 歲進入浙江省體校，14 歲進省游泳集訓隊，15 歲進廣州軍區體工隊，師從王林教練。18 歲進入國家游泳集訓隊，她訓練刻苦，為爭奪世界冠軍而努力拼搏，游泳水準提高得很快。

1993 年，她在第七屆全運會和第一屆東亞運動會上均獲 100 公尺、200 公尺仰泳金牌，成績列當年該項

目世界第二位。同年 12 月，在西班牙舉行的首屆世界
短池游泳錦標賽上，她獲得 200 公尺仰泳和 4×100 公
尺混合泳接力兩枚金牌，並與隊友一同改寫了這兩個項
目的世界紀錄，她還獲得 100 公尺仰泳銀牌。1993
年，賀慈紅被評為全國和全軍十佳運動員。

　　根據 1994 年 7 月國際泳聯公布的最新世界排名，
她的 100 公尺仰泳和 200 公尺仰泳分別列世界第一和第
二位。在 1994 年全國游泳冠軍賽上，她 100 公尺仰泳
以 1：00.59 的成績創造亞洲紀錄，並獲得 100 公尺、
200 公尺仰泳兩枚金牌。

　　9 月，在羅馬第七屆世界游泳錦標賽上，她兩度刷
新 100 公尺仰泳世界紀錄。她在 100 公尺仰泳比賽中以
1：00.31 的成績創造世界紀錄，在 4×100 公尺混合泳
接力中以 1：00.16 的成績再次改寫世界紀錄。她還在
200 公尺仰泳比賽中以 2：07.40 的成績奪得自己第三
枚金牌。

　　同年 10 月，在廣島舉行的第十二屆亞運會上，她
獲得 100 公尺、200 公尺仰泳和 4×100 公尺混合泳接力
三枚金牌，成績分別是 1：00.71、2：09.46、4：
07.69，為祖國贏得了榮譽。賀慈紅現在廣州軍區游泳
隊擔任教練。

林來九（1966～　）

中國男子游泳運動員，廣東湛江吳川人。6 歲學會游泳，9 歲進入吳川業餘體校訓練。14 歲時被選入廣東省體校，16 歲進入廣東省隊。

從 80 年代中期到 90 年代初期，林來九幾乎壟斷了中國男子 100 公尺仰泳項目的金牌和全國紀錄。他在 1993 年創造的 56.04 的男子 100 公尺仰泳全國紀錄，至今仍未被打破。

林來九退役後在廣東省游泳隊任教。

沃恩・基洛哈
（Warren Kealoha, 1903～1972）

美國男子游泳運動員。17 歲獲奧運會冠軍，他是第一個獲得奧運會冠軍的仰泳運動員，4 次打破 100 公尺仰泳世界紀錄。他在夏威夷長大，自幼和他的哥哥普亞在海中嬉戲，兄弟皆是奧運好手。普亞在 1920 年奧運會上獲得 100 公尺自由式銀牌，成績是 1：02.2，還與隊友在 4×200 公尺自由式接力中獲得金牌，以 10：04.4 創造世界紀錄。

基洛哈在 1920 年奧運會上以 1：15.2 的成績獲得 100 公尺仰泳金牌。同年以 1：14.8 的成績打破 100 公

尺仰泳世界紀錄。1922 年他以 1：12.6 的成績再次刷新 100 公尺仰泳世界紀錄。1924 年奧運會上他又以 1：13.2 的成績獲得 100 公尺仰泳金牌。同年以 1：12.4 的成績再次改寫 100 公尺仰泳世界紀錄。1926 年，他以 1：11.4 的成績第四次打破 100 公尺仰泳世界紀錄，成為 1920～1926 年世界頭號仰泳運動員。基洛哈的名字 1968 年列入國際游泳名人堂。

瑪麗亞‧布勞恩（Maria Braun,1911～1982）

荷蘭女子游泳運動員。數次創造 100 公尺、200 公尺仰泳世界紀錄。1927 年她以 1：21.6 的成績打破 100 公尺仰泳世界紀錄。1928 年她以 2：59.2 的成績打破 200 公尺仰泳世界紀錄。

1929 年她再以 1：21.4 和 1：21.0 的成績兩度刷新 100 公尺仰泳世界紀錄。她兩次獲得歐洲冠軍，4 次打破歐洲紀錄，後成為著名教練。

1967 年布勞恩名列國際游泳名人堂。

伊莉娜‧霍爾姆（Eleanor Holm,1913～　）

美國女子游泳運動員。30 年代著名仰泳明星，從 1930 年直到她引退簡直是天下無敵。她 7 次改寫仰泳世界紀錄，14 歲時第一次參加奧運會就獲得 100 公尺

仰泳金牌，曾 29 次獲得美國冠軍。

1936 年柏林奧運會前她被公認為奪標呼聲最高的運動員，在美國奧運會代表團赴柏林參賽途中，她因違犯了隊規而被除名，她立即成為「新聞人物」。華納公司隨後與她簽約，這位俊俏的泳星開始涉足影壇。後又加盟比爾羅斯水上芭蕾特技表演團，從事職業游泳生涯。1966 年霍爾姆入選國際游泳名人堂。

卡林·科恩（Carin Cone, 1940～　　）

美國女子游泳運動員。曾 6 次創造世界紀錄。1955 年 15 歲的科恩已嶄露頭角，她獲得美國 200 碼仰泳成年組全國冠軍，兩天後她又在全國游泳比賽中刷新了保持了 5 年之久的 100 公尺仰泳紀錄。在 1956 年奧運會上，她和英國運動員朱迪成績相同，但裁判員判定朱迪為第一名，科恩只能屈居第二。

1959 年科恩兩次獲得業餘體育聯合會室內比賽的女子仰泳冠軍，同年 7 月，科恩在 220 碼仰泳比賽中把她自己在 3 年前創造的世界紀錄縮短了 3 秒，遂被譽為仰泳皇后。

1959 年她成為泛美錦標賽 100 公尺仰泳冠軍和混合泳接力隊隊員，並在第一棒中以 1：11.4 的成績創造了 100 公尺仰泳世界紀錄。科恩曾 16 次獲得業餘體育

聯合會冠軍，24 次創造美國國家紀錄。其中包括：10
次 25 公尺池美國紀錄、13 次 50 公尺池美國紀錄和 1
項與隊友一起創造的接力紀錄。1984 年她的名字被載
入國際游泳名人堂，獲榮譽運動員稱號。

岡納‧拉爾鬆（Gunnar Larsson,1951~　　）

瑞典男子游泳運動員。奧運會冠軍、世界紀錄創造
者，3 次刷新 200 公尺個人混合泳世界紀錄，7 次打破
歐洲紀錄。1970 年獲 200 公尺、400 公尺個人混合泳和
400 公尺自由泳 3 項歐洲冠軍，並以 2：09.3 的成績打
破 200 公尺個人混合泳世界紀錄。

1972 年奧運會他獲得 200 公尺和 400 公尺個人混
合泳兩枚金牌，200 公尺混合泳以 2：07.2 的成績創造
世界紀錄，同年又以 2：07.17 的成績再次刷新該項世
界紀錄。

羅納德‧馬特斯（Roland Mathes,1950~　　）

前民主德國男子游泳運動員。曾 15 次刷新 100 公
尺、200 公尺仰泳世界紀錄。1968 年在第十九屆奧運會
上，他獲得 100 公尺、200 公尺仰泳兩枚金牌。1972 年
在第二十屆奧運會上，再度蟬聯 100 公尺、200 公尺仰
泳兩個項目的冠軍，還與隊友合作獲得 4×100 公尺混

合泳接力賽銀牌。

1973 年，他獲得第一屆世界游泳錦標賽 100 公尺、200 公尺仰泳的兩枚金牌。1975 年，又獲得第二屆世界游泳錦標賽 200 公尺仰泳的金牌。1976 年他在奧運會上獲得 100 公尺仰泳的銅牌。

馬特斯創造了自己的獨特技術風格，確立了仰泳技術的新概念。他的強有力的雙臂划水和兩腿較大幅度打水的技術，在當時是具有劃時代意義的。因此，他不斷刷新世界紀錄，並使自己創造的 100 公尺、200 公尺仰泳的世界紀錄分別保持了 9 年、7 年之久。

約翰‧內伯（John Naber, 1956～ ）

美國男子游泳運動員。3 次刷新 100 公尺、200 公尺仰泳世界紀錄，刷新了馬特斯保持了 9 年和 7 年之久的這兩個項目的世界紀錄，並把這兩個項目的世界紀錄從 1976 年保持到 1982 年，也達 7 年之久，轟動了當時的國際泳壇。

1972 年在第二十一屆奧運會上，他創造了 100 公尺仰泳的世界紀錄，並獲得金牌。在 200 公尺仰泳比賽中，他也刷新了由他本人同年創造的世界紀錄，還獲得了 200 公尺自由式銀牌，並與隊友合作獲得 4×200 公尺自由式接力金牌、4×100 公尺混合泳接力金牌，是該

屆奧運會成績最突出的男運動員之一。

里克・凱里（Rick Carey, 1962~ ）

美國男子游泳運動員，出生於紐約。5 次刷新 100
公尺、200 公尺仰泳世界紀錄。凱里 10 歲時開始學習
游泳，他特別好勝，只要在某些方面落後於別人就常發
脾氣。當時他也特別怕游泳，但其父母作為一種懲罰就
強迫他學游泳，並希望以此改變他的壞脾氣。結果當年
夏天還沒有結束，他已對游泳產生了極大的興趣，但性
格仍舊沒有改變。

凱里第 1 次打破世界紀錄是在 1983 年 8 月美國加
州克洛維斯的國內比賽上，他以 1：58.93 的成績打破
了由他的同胞保持了 7 年之久的 200 公尺仰泳世界紀
錄。1984 年 6 月，在美國奧運會選拔賽上，他再次創
造了男子 200 公尺仰泳世界紀錄，成績是 1：58.86。
在第二十三屆奧運會上他取得 100 公尺、200 公尺仰泳
兩枚金牌，還與隊友合作奪得了 4×100 公尺混合泳接
力的金牌，並打破了該項目的世界紀錄。

雖然他每次比賽都能取得勝利，但比賽結束後他總
是找個沒有人的地方坐下來深省。他的教練讚揚他是一
個追求盡善盡美的人。

在訓練中，他總是自覺地把自己的運動量加大到無

法再加的程度。他在德克薩斯州一所大學學習時專業是
航空和宇宙學,各科學習成績優良。他有一個習慣,在
大比賽前的一週盡量使自己放鬆。他認為只有在把比賽
不當成一回事兒的情況下才能取得好成績。

佩特拉・施奈德(Petra schnerder, 1963~　)

前民主德國女子游泳運動員。5 次刷新 200 公尺、
400 公尺個人混合泳世界紀錄。她 4 歲時,母親常常帶
她去游泳,剛滿 6 歲時就把她送到游泳學習班開始接受
正規的訓練。她高中畢業後,進入游泳運動員的行列。

1978 年,年僅 15 歲的施奈德在第三屆世界游泳錦
標賽上,奪得女子 400 公尺個人混合泳的銅牌和 200 公
尺個人混合泳的第五名,開始在世界泳壇上嶄露頭角。

在 1980 年莫斯科奧運會上,她獲得 400 公尺個人
混合泳冠軍和 400 公尺自由式的銀牌。同年,在蘇德對
抗賽中,她一舉打破了兩項世界紀錄;5 月下旬在民主
德國全國游泳錦標賽上再打破兩項世界紀錄。

1982 年在第四屆世界游泳錦標賽上,她一個人獨
得了 2 枚金牌、1 枚銀牌和 1 項第四名,同時還刷新了
400 公尺個人混合泳的世界紀錄,直至 1989 年她還保
持著該項世界紀錄。

她技術全面,在小型比賽中曾參加過 14 個項目的

比賽。她特別喜歡練習混合泳，因為它變換多樣、比較活潑，而且訓練內容也比較豐富。她十分重視專項力量的練習，主要借助力量練習增強專業力量。她謙虛好學，刻苦訓練，不斷從挫折中找到原因。除了嚴格訓練外，她還很注意飲食的調節和控制，十分注意控制體重，這也是她不斷取得優異成績的因素之一。

亞歷克斯・鮑曼（Alex Baumann, 1964～　）

加拿大男子游泳運動員，多倫多人，就讀於加拿大薩德伯里印第安納大學。曾創造 6 項世界紀錄，先後 3 次當選為加拿大的最佳運動員，還被美國雜誌評為 1981 年 5 名世界水上最佳運動員之一，與戴維斯被合稱為「加拿大泳壇雙傑」。

他 17 歲時已成為世界上許多游泳項目選手競爭的對手之一。1981 年他曾兩次創造短池男子 400 公尺個人混合泳世界最好成績，並以 2：02.78 的成績打破 200 公尺個人混合泳世界紀錄，一躍而成為世界游泳明星。在 1984 年洛杉磯奧運會上，他奪得 200 公尺、400 公尺個人混合泳兩枚金牌，並創造了這兩個項目的世界紀錄。

洛杉磯奧運會後，肩傷困擾著他的訓練和比賽。1987 年，23 歲的鮑曼在多倫多宣布退出比賽，他的目

標是爭取獲得政治學科的大學學位和寫一本名為《學游
泳》的書。他宣稱只是停止參加比賽，並不是退出泳
壇，將來可能從事教練或醫療工作。

克里斯蒂·奧托（Kristin otto, 1966～　　）

前民主德國女子游泳運動員，生於萊比錫，是萊比
錫泳聯體育俱樂部成員。奧運會和世界錦標賽多項冠軍
獲得者。奧托9歲開始學游泳，10來歲便在前民主德
國的運動會上獲得首次成功。1981年，15歲的奧托第
一次參加歐洲杯賽便獲得仰泳金牌。

1982年在第四屆世界游泳錦標賽中，她一舉奪得3
枚金牌，被譽為「國際仰泳皇后」，震動了世界泳壇。
1986年，在馬德里舉行的第5屆世界游泳錦標賽上，
她參加了6個項目的比賽，除創造兩項世界紀錄外，又
奪得了個人項目金牌和銀牌各2枚，並與隊友合作取得
兩項接力冠軍。被《游泳世界》雜誌評為1986年度世
界最佳女子游泳運動員。

在1987年歐洲游泳錦標賽中，奧托獲得了5枚金
牌。1988年，奧托在漢城奧運會上取得了6枚金牌的
輝煌成績，被評為最有價值的運動員，並獲贈價值1.1
萬美元的金冠。被評為1988年世界優秀女子運動員和
第二十四屆奧運會最佳運動員。

奧托的住房裡有一個玻璃櫃子，裡面保存著她獲得的獎牌和獎品。她說漢城奧運會後退出泳壇是一件好事，因為她再也沒有地方存放獎牌了。退役後，她希望成為家鄉萊比錫電臺的一名普通記者，用自己的眼睛來看這個世界。

鈴木大地（Suzuki Daichi, 1967～　）

　　日本男子游泳運動員，生於千葉縣習志野市。奧運會 100 公尺仰泳冠軍。鈴木參加游泳運動純屬偶然。他從小體弱多病，雙親為了增強他的體質，8 歲送他到千葉 AC 會去學游泳。

　　中學時，在全國中學生比賽中，他獲得個人混合泳項目第三名，從此他對游泳更入迷。在訓練中，他的教練鈴木陽發現他仰泳比自由式更有潛力，於是讓他改練仰泳，在高中三年級時他創造了 100 公尺仰泳的日本新紀錄。

　　進入日本順應大學體育學部後，1987 年他的 100 公尺仰泳成績排列世界第三位。同年在世界大學生運動會中他獲得 100 公尺、200 公尺仰泳兩枚金牌。1988 年 2 月，他創造了男子 50 公尺仰泳短池的世界最好成績。在第二十四屆奧運會上，鈴木大地戰勝了世界紀錄創造者美國運動員伯科夫和眾多仰泳好手，奪得了 100

公尺仰泳的金牌。這是亞洲選手在漢城奧運會游泳項目上獲得的惟一的 1 枚金牌。

鈴木聰明好學，肯動腦筋，意志力很強。雖然在 1984 年洛杉磯奧運會中他的 100 公尺仰泳只列第十二名，但是那時他已暗下決心，一定要在下屆奧運會上獲得成功。不幸的是在奧運會後由於腰部傷病，他停止了將近 1 年的訓練。1986 年復出後，成績迅速提高，使他對勝利充滿了信心。他的夢想終於實現了，這是日本游泳項目繼 1972 年慕尼黑奧運會奪得兩枚金牌以後，相隔 16 年的又一次成功。

塔馬斯・達爾尼（Tamas Darnyi, 1968~　）

匈牙利男子游泳運動員，生於布達佩斯市。先後 7 次刷新個人混合泳及 200 公尺仰泳的世界紀錄。達爾尼 6 歲時，父母將他送到游泳班開始學習游泳，輔導老師很快發現了他的游泳才能，鼓勵他參加競技游泳訓練班。此後他進入了布達佩斯中心體校，由著名教練塔馬斯・熱齊伊任教。

達爾尼 15 歲就獲得了歐洲少年錦標賽個人混合泳冠軍，從此他的主項由仰泳改為混合泳。

達爾尼在 1988 年漢城奧運會上獲得 200 公尺和 400 公尺個人混合泳 2 枚金牌，並打破了他自己保持的

這兩個項目的世界紀錄，成為這屆奧運會「雙料」冠軍。獲得《游泳世界》雜誌 1986 年世界游泳運動員最高榮譽——「年度世界優秀男子游泳運動員」稱號。

1987 年他被國家授予「年度優秀運動員」稱號。他是匈牙利一顆耀眼的明星，是世界上最優秀的個人混合泳選手之一。

1985 年達爾尼加入成年組，在索非亞舉行的歐洲錦標賽中一鳴驚人，一舉奪得個人混合泳兩枚金牌，從而戰勝了加拿大名將鮑曼。1986 年他在波恩的阿雷納游泳節上，打破了 200 公尺仰泳世界紀錄。同年，在馬德里世界游泳錦標賽的個人混合泳比賽中，再次戰勝鮑曼，一舉奪得兩項冠軍。在 1987 年法國斯特拉斯堡的歐洲錦標賽上，他接連打破兩項個人混合泳世界紀錄。在漢城奧運會上，他又如願以償，成為個人混合泳兩塊金牌的得主。在 1991 年第六屆世界游泳錦標賽上，他又獲得 200 公尺、400 公尺個人混合泳金牌，並打破這兩項的世界紀錄。

達爾尼並不是天才，他的成功是因為他艱苦訓練，他的運動量比一般人多出兩倍。而且，因為少年時的意外事故，導致他左眼幾乎失明。

他的教練熱齊伊曾說：「很難說是什麼因素使得達爾尼如此出眾，其實他的身體條件並不優越，但他有超

人的毅力,這也許是他成功的秘訣。」

依戈爾·波利揚斯基

（Igor Polianskiy,1968～　）

　　前蘇聯男子游泳運動員。生於新西伯利亞,就讀於鄂木斯克體育學院。曾以 1：58.14 的成績打破 200 公尺仰泳世界紀錄。波利揚斯基小時候常生病,雙親為了讓他鍛鍊身體,在一個偶然的機會把 10 歲的他送到「西伯利亞」綜合體育館的游泳部學習游泳。一年半後,他長得又高又壯,進入體育學校學習,受訓於弗·蕭穆舍夫教練。1982 年他入選國家少年隊,並參加了在奧地利舉行的歐洲少年游泳錦標賽,一舉奪得 3 枚金牌。

　　1983 年,16 歲的波利揚斯基在全國運動會上一舉奪得桂冠。他信賴自己的教練,並合作得很好。此後,在 1985 年歐洲錦標賽上又獲得兩枚金牌,同年在日本舉行的第十三屆世界大學生運動會和 1986 年第五屆世界游泳錦標賽中獲得 100 公尺、200 公尺仰泳金牌。

　　1988 年在第二十四屆奧運會上,他奪得 200 公尺仰泳的金牌,與隊友合作取得 4×100 公尺混合泳接力銅牌。

克里斯蒂娜・艾蓋爾塞吉
（Kristina Egerszegi, 1974~　　）

匈牙利女子游泳運動員，生於布達佩斯市。1988年，年僅 14 歲就在第二十四屆奧運會上獲得 200 公尺仰泳金牌和 100 公尺仰泳銀牌，是奧運會最年輕的冠軍。艾蓋爾塞吉是跟著姐姐開始學習游泳的，基舍教練高瞻遠矚選定了剛滿 7 歲的她。12 歲時她入選國家隊，準備參加歐洲青年錦標賽，但比賽組織者認為她年紀太小，不允許她參賽。翌年，她代表國家參加在斯特拉斯堡舉行的成年人歐洲錦標賽，第一次參加大賽就獲得仰泳第四名。

1988 年，她在世界杯三個階段的比賽中均獲勝，並在美國和加拿大公開賽上贏得 8 枚金牌。

1991 年，在第六屆世界游泳錦標賽上，她奪得 100 公尺、200 公尺仰泳兩枚金牌。1992 年在巴塞羅那奧運動上，她奪得 3 枚金牌。1993 年歐洲游泳錦標賽她奪得 100 公尺、200 公尺仰泳、200 公尺蝶泳和 400 公尺個人混合泳 4 枚金牌。

1994 年第七屆世界游泳錦標賽上她奪得 100 公尺仰泳銀牌、200 公尺仰泳銀牌。

湯姆・多蘭（Tom Dolan 1975～　　）

美國男子游泳運動員，弗吉尼亞州阿靈頓人。亞特蘭大奧運會 400 公尺個人混合泳冠軍，世界紀錄保持者。湯姆・多蘭開始參加世界游泳錦標賽是在 1994 年，那時他還是年方 18 歲的小伙子，他以 4：12.30 的成績贏得 400 公尺個人混合泳金牌，而且創造了新的世界紀錄。

1996 年，由於受哮喘病的困擾，湯姆・多蘭在亞特蘭大奧運會上幾乎喘不過氣來，但這位 400 公尺個人混合泳世界冠軍和世界紀錄保持者全力以赴，奪取了奧運會金牌。1998 年在澳大利亞珀斯，他又以 4：14.95 的成績，成功衛冕世界冠軍頭銜。在 2000 年雪梨奧運會上，多蘭以 4：11.76 的成績獲得了 400 公尺個人混合泳金牌並打破了世界紀錄，他還獲得了 200 公尺個人混合泳銀牌。

倫尼・克雷澤博格（1975～　　）

美國男子游泳運動員，烏克蘭敖德薩人。是自 1986 年首屆世界游泳錦標賽以來，在世界錦標賽和奧運會上包攬仰泳項目金牌的第一人。克雷澤博格一家在 1989 年從蘇聯搬到美國洛杉磯，1995 年成為美國公

民。

在 1999 年 8 月舉行的美國全國游泳錦標賽上，他自 1997 年以來第五次打破 200 公尺仰泳的美國國內紀錄，但錯過了打破世界紀錄的機會。然後，他在緊接著的泛太平洋游泳錦標賽上，以 1：53.60 的成績刷新了由杰夫・羅斯（Jeff Rouse）保持了 7 年之久的 200 公尺仰泳世界紀錄，並獲得了該項目的金牌。

在 2000 年雪梨奧運會上，他包攬了 100 公尺和 200 公尺仰泳金牌，還與隊友合作以 3：33.73 的成績，奪得 4×100 公尺混合泳接力金牌，並刷新了世界紀錄。

大展出版社有限公司
品冠文化出版社

圖書目錄

地址：台北市北投區(石牌)　　電話：(02)28236031
　　　致遠一路二段12巷1號　　　　　28236033
郵撥：01669551＜大展＞　　　　　　28233123
　　　19346241＜品冠＞　　　傳真：(02)28272069

・少年偵探・品冠編號66

1.	怪盜二十面相	（精）	江戶川亂步著	特價	189元
2.	少年偵探團	（精）	江戶川亂步著	特價	189元
3.	妖怪博士	（精）	江戶川亂步著	特價	189元
4.	大金塊	（精）	江戶川亂步著	特價	230元
5.	青銅魔人	（精）	江戶川亂步著	特價	230元
6.	地底魔術王	（精）	江戶川亂步著	特價	230元
7.	透明怪人	（精）	江戶川亂步著	特價	230元
8.	怪人四十面相	（精）	江戶川亂步著	特價	230元
9.	宇宙怪人	（精）	江戶川亂步著	特價	230元
10.	恐怖的鐵塔王國	（精）	江戶川亂步著	特價	230元
11.	灰色巨人	（精）	江戶川亂步著	特價	230元
12.	海底魔術師	（精）	江戶川亂步著	特價	230元
13.	黃金豹	（精）	江戶川亂步著	特價	230元
14.	魔法博士	（精）	江戶川亂步著	特價	230元
15.	馬戲怪人	（精）	江戶川亂步著	特價	230元
16.	魔人銅鑼	（精）	江戶川亂步著	特價	230元
17.	魔法人偶	（精）	江戶川亂步著	特價	230元
18.	奇面城的秘密	（精）	江戶川亂步著	特價	230元
19.	夜光人	（精）	江戶川亂步著	特價	230元
20.	塔上的魔術師	（精）	江戶川亂步著	特價	230元
21.	鐵人Ｑ	（精）	江戶川亂步著	特價	230元
22.	假面恐怖王	（精）	江戶川亂步著	特價	230元
23.	電人Ｍ	（精）	江戶川亂步著	特價	230元
24.	二十面相的詛咒	（精）	江戶川亂步著	特價	230元
25.	飛天二十面相	（精）	江戶川亂步著	特價	230元
26.	黃金怪獸	（精）	江戶川亂步著	特價	230元

・生活廣場・品冠編號61

1.	366天誕生星	李芳黛譯	280元
2.	366天誕生花與誕生石	李芳黛譯	280元
3.	科學命相	淺野八郎著	220元

4. 已知的他界科學	陳蒼杰譯	220 元
5. 開拓未來的他界科學	陳蒼杰譯	220 元
6. 世紀末變態心理犯罪檔案	沈永嘉譯	240 元
7. 366 天開運年鑑	林廷宇編著	230 元
8. 色彩學與你	野村順一著	230 元
9. 科學手相	淺野八郎著	230 元
10. 你也能成為戀愛高手	柯富陽編著	220 元
11. 血型與十二星座	許淑瑛編著	230 元
12. 動物測驗一人性現形	淺野八郎著	200 元
13. 愛情、幸福完全自測	淺野八郎著	200 元
14. 輕鬆攻佔女性	趙奕世編著	230 元
15. 解讀命運密碼	郭宗德著	200 元
16. 由客家了解亞洲	高木桂藏著	220 元

・女醫師系列・品冠編號 62

1. 子宮內膜症	國府田清子著	200 元
2. 子宮肌瘤	黑島淳子著	200 元
3. 上班女性的壓力症候群	池下育子著	200 元
4. 漏尿、尿失禁	中田真木著	200 元
5. 高齡生產	大鷹美子著	200 元
6. 子宮癌	上坊敏子著	200 元
7. 避孕	早乙女智子著	200 元
8. 不孕症	中村春根著	200 元
9. 生理痛與生理不順	堀口雅子著	200 元
10. 更年期	野末悅子著	200 元

・傳統民俗療法・品冠編號 63

1. 神奇刀療法	潘文雄著	200 元
2. 神奇拍打療法	安在峰著	200 元
3. 神奇拔罐療法	安在峰著	200 元
4. 神奇艾灸療法	安在峰著	200 元
5. 神奇貼敷療法	安在峰著	200 元
6. 神奇薰洗療法	安在峰著	200 元
7. 神奇耳穴療法	安在峰著	200 元
8. 神奇指針療法	安在峰著	200 元
9. 神奇藥酒療法	安在峰著	200 元
10. 神奇藥茶療法	安在峰著	200 元
11. 神奇推拿療法	張貴荷著	200 元
12. 神奇止痛療法	漆浩著	200 元

・常見病藥膳調養叢書・品冠編號 631

3

3. 梁派八卦掌（老八掌）	李子鳴 遺著	220 元
4. 少林 72 藝與武當 36 功	裴錫榮 主編	230 元
5. 三十六把擒拿	佐藤金兵衛 主編	200 元
6. 武當太極拳與盤手 20 法	裴錫榮 主編	220 元

・少林功夫・大展編號 115

1. 少林打擂秘訣	德虔、素法 編著	300 元
2. 少林三大名拳 炮拳、大洪拳、六合拳	門惠豐 等著	200 元
3. 少林三絕 氣功、點穴、擒拿	德虔 編著	300 元
4. 少林怪兵器秘傳	素法 等著	250 元
5. 少林護身暗器秘傳	素法 等著	220 元
6. 少林金剛硬氣功	楊維 編著	250 元
7. 少林棍法大全	德虔、素法 編著	

・原地太極拳系列・大展編號 11

1. 原地綜合太極拳 24 式	胡啟賢創編	220 元
2. 原地活步太極拳 42 式	胡啟賢創編	200 元
3. 原地簡化太極拳 24 式	胡啟賢創編	200 元
4. 原地太極拳 12 式	胡啟賢創編	200 元
5. 原地青少年太極拳 22 式	胡啟賢創編	200 元

・道 學 文 化・大展編號 12

1. 道在養生：道教長壽術	郝勤 等著	250 元
2. 龍虎丹道：道教內丹術	郝勤 著	300 元
3. 天上人間：道教神仙譜系	黃德海著	250 元
4. 步罡踏斗：道教祭禮儀典	張澤洪著	250 元
5. 道醫窺秘：道教醫學康復術	王慶餘等著	250 元
6. 勸善成仙：道教生命倫理	李 剛著	250 元
7. 洞天福地：道教宮觀勝境	沙銘壽著	250 元
8. 青詞碧簫：道教文學藝術	楊光文等著	250 元
9. 沈博絕麗：道教格言精粹	朱耕發等著	250 元

・易 學 智 慧・大展編號 122

1. 易學與管理	余敦康主編	250 元
2. 易學與養生	劉長林等著	300 元
3. 易學與美學	劉綱紀等著	300 元
4. 易學與科技	董光壁著	280 元
5. 易學與建築	韓增祿著	280 元
6. 易學源流	鄭萬耕著	280 元
7. 易學的思維	傅雲龍等著	250 元

11

80. 身體節律與健康	林博史著	180元
81. 生薑治萬病	石原結實著	180元
83. 木炭驚人的威力	大槻彰著	200元
84. 認識活性氧	井土貴司著	180元
85. 深海鮫治百病	廖玉山編著	180元
86. 神奇的蜂王乳	井上丹治著	180元
87. 卡拉OK健腦法	東潔著	180元
88. 卡拉OK健康法	福田伴男著	180元
89. 醫藥與生活	鄭炳全著	200元
90. 洋蔥治百病	宮尾興平著	180元
91. 年輕10歲快步健康法	石塚忠雄著	180元
92. 石榴的驚人神效	岡本順子著	180元
93. 飲料健康法	白鳥早奈英著	180元
94. 健康棒體操	劉名揚編譯	180元
95. 催眠健康法	蕭京凌編著	180元
96. 鬱金（美王）治百病	水野修一著	180元
97. 醫藥與生活	鄭炳全著	200元

·實用女性學講座· 大展編號 19

1. 解讀女性內心世界	島田一男著	150元
2. 塑造成熟的女性	島田一男著	150元
3. 女性整體裝扮學	黃靜香編著	180元
4. 女性應對禮儀	黃靜香編著	180元
5. 女性婚前必修	小野十傳著	200元
6. 徹底瞭解女人	田口二州著	180元
7. 拆穿女性謊言88招	島田一男著	200元
8. 解讀女人心	島田一男著	200元
9. 俘獲女性絕招	志賀貢著	200元
10. 愛情的壓力解套	中村理英子著	200元
11. 妳是人見人愛的女孩	廖松濤編著	200元

·校園系列· 大展編號 20

1. 讀書集中術	多湖輝著	180元
2. 應考的訣竅	多湖輝著	150元
3. 輕鬆讀書贏得聯考	多湖輝著	180元
4. 讀書記憶秘訣	多湖輝著	180元
5. 視力恢復！超速讀術	江錦雲譯	180元
6. 讀書36計	黃柏松編著	180元
7. 驚人的速讀術	鐘文訓編著	170元
8. 學生課業輔導良方	多湖輝著	180元
9. 超速讀超記憶法	廖松濤編著	180元
10. 速算解題技巧	宋釗宜編著	200元

11.	看圖學英文	陳炳崑編著	200元
12.	讓孩子最喜歡數學	沈永嘉譯	180元
13.	催眠記憶術	林碧清譯	180元
14.	催眠速讀術	林碧清譯	180元
15.	數學式思考學習法	劉淑錦譯	200元
16.	考試憑要領	劉孝暉著	180元
17.	事半功倍讀書法	王毅希著	200元
18.	超金榜題名術	陳蒼杰譯	200元
19.	靈活記憶術	林耀慶編著	180元
20.	數學增強要領	江修楨編著	180元
21.	使頭腦靈活的數學	逢澤明著	200元
22.	難解數學破題	宋釗宜著	200元

・實用心理學講座・ 大展編號 21

1.	拆穿欺騙伎倆	多湖輝著	140元
2.	創造好構想	多湖輝著	140元
3.	面對面心理術	多湖輝著	160元
4.	偽裝心理術	多湖輝著	140元
5.	透視人性弱點	多湖輝著	180元
6.	自我表現術	多湖輝著	180元
7.	不可思議的人性心理	多湖輝著	180元
8.	催眠術入門	多湖輝著	150元
9.	責罵部屬的藝術	多湖輝著	150元
10.	精神力	多湖輝著	150元
11.	厚黑說服術	多湖輝著	150元
12.	集中力	多湖輝著	150元
13.	構想力	多湖輝著	150元
14.	深層心理術	多湖輝著	160元
15.	深層語言術	多湖輝著	160元
16.	深層說服術	多湖輝著	180元
17.	掌握潛在心理	多湖輝著	160元
18.	洞悉心理陷阱	多湖輝著	180元
19.	解讀金錢心理	多湖輝著	180元
20.	拆穿語言圈套	多湖輝著	180元
21.	語言的內心玄機	多湖輝著	180元
22.	積極力	多湖輝著	180元

・超現實心靈講座・ 大展編號 22

1.	超意識覺醒法	詹蔚芬編譯	130元
2.	護摩秘法與人生	劉名揚編譯	130元
3.	秘法！超級仙術入門	陸明譯	150元
4.	給地球人的訊息	柯素娥編著	150元

5.	密教的神通力	劉名揚編著	130 元
6.	神秘奇妙的世界	平川陽一著	200 元
7.	地球文明的超革命	吳秋嬌譯	200 元
8.	力量石的秘密	吳秋嬌譯	180 元
9.	超能力的靈異世界	馬小莉譯	200 元
10.	逃離地球毀滅的命運	吳秋嬌譯	200 元
11.	宇宙與地球終結之謎	南山宏著	200 元
12.	驚世奇功揭秘	傅起鳳著	200 元
13.	啟發身心潛力心象訓練法	栗田昌裕著	180 元
14.	仙道術遁甲法	高藤聰一郎著	220 元
15.	神通力的秘密	中岡俊哉著	180 元
16.	仙人成仙術	高藤聰一郎著	200 元
17.	仙道符咒氣功法	高藤聰一郎著	220 元
18.	仙道風水術尋龍法	高藤聰一郎著	200 元
19.	仙道奇蹟超幻像	高藤聰一郎著	200 元
20.	仙道鍊金術房中法	高藤聰一郎著	200 元
21.	奇蹟超醫療治癒難病	深野一幸著	220 元
22.	揭開月球的神秘力量	超科學研究會	180 元
23.	西藏密教奧義	高藤聰一郎著	250 元
24.	改變你的夢術入門	高藤聰一郎著	250 元
25.	21 世紀拯救地球超技術	深野一幸著	250 元

・養 生 保 健・大展編號 23

1.	醫療養生氣功	黃孝寬著	250 元
2.	中國氣功圖譜	余功保著	250 元
3.	少林醫療氣功精粹	井玉蘭著	250 元
4.	龍形實用氣功	吳大才等著	220 元
5.	魚戲增視強身氣功	宮　嬰著	220 元
6.	嚴新氣功	前新培金著	250 元
7.	道家玄牝氣功	張　章著	200 元
8.	仙家秘傳袪病功	李遠國著	160 元
9.	少林十大健身功	秦慶豐著	180 元
10.	中國自控氣功	張明武著	250 元
11.	醫療防癌氣功	黃孝寬著	250 元
12.	醫療強身氣功	黃孝寬著	250 元
13.	醫療點穴氣功	黃孝寬著	250 元
14.	中國八卦如意功	趙維漢著	180 元
15.	正宗馬禮堂養氣功	馬禮堂著	420 元
16.	秘傳道家筋經內丹功	王慶餘著	300 元
17.	三元開慧功	辛桂林著	250 元
18.	防癌治癌新氣功	郭　林著	180 元
19.	禪定與佛家氣功修煉	劉天君著	200 元
20.	顛倒之術	梅自強著	360 元

・社會人智囊・ 大展編號 24

・精 選 系 列・ 大展編號 25

17

・銀髮族智慧學・大展編號 28

・飲 食 保 健・大展編號 29

75. 男性元氣ＩＱ　　　　　　　　編輯群編著　200元

・快樂健美站・大展編號302

1. 柔力健身球（精）　　　　　　姜桂萍主編　280元
2. 自行車健康享瘦　　　　　　　中務博司著　280元

・超經營新智慧・大展編號31

1. 躍動的國家越南　　　　　　　林雅倩譯　250元
2. 甦醒的小龍菲律賓　　　　　　林雅倩譯　220元
3. 中國的危機與商機　　　　　　中江要介著　250元
4. 在印度的成功智慧　　　　　　山內利男著　220元
5. 7-ELEVEN 大革命　　　　　　村上豐道著　200元
6. 業務員成功秘方　　　　　　　呂育清編著　200元
7. 在亞洲成功的智慧　　　　　　鈴木讓二著　220元
8. 圖解活用經營管理　　　　　　山際有文著　220元
9. 速效行銷學　　　　　　　　　江尻弘著　220元
10. 猶太成功商法　　　　　　　　周蓮芬編著　200元
11. 工廠管理新手法　　　　　　　黃柏松編著　220元
12. 成功隨時掌握在凡人手上　　　竹村健一著　220元
13. 服務・所以成功　　　　　　　中谷彰宏著　200元
14. 輕鬆賺錢高手　　　　　　　　增田俊男著　220元

・理財、投資・大展編號312

1. 突破股市瓶頸　　　黃國洲著　（特價）199元
2. 投資眾生相　　　　黃國洲著　　　　　220元
3. 籌碼決定論　　　　黃國洲著　（特價）249元

・成功秘笈・大展編號313

1. 企業不良幹部群相　（精）　黃琪輝著　230元
2. 企業人才培育智典　（精）　鄭嘉軒著　230元

・親子系列・大展編號32

1. 如何使孩子出人頭地　　　　　多湖輝著　200元
2. 心靈啟蒙教育　　　　　　　　多湖輝著　280元
3. 如何使孩子數學滿分　　　　　林明嬋編著　180元
4. 終身受用的學習秘訣　　　　　李芳黛譯　200元
5. 數學疑問破解　　　　　　　　陳蒼杰譯　200元
6. 用心教養孩子　　　　　　　　王欣筑編著　180元

·雅 致 系 列· 大展編號 33

1. 健康食譜春冬篇	丸元淑生著	200 元
2. 健康食譜夏秋篇	丸元淑生著	200 元
3. 純正家庭料理	陳建民等著	200 元
4. 家庭四川料理	陳建民著	200 元
5. 醫食同源健康美食	郭長聚著	200 元
6. 家族健康食譜	東畑朝子著	200 元

·美 術 系 列· 大展編號 34

1. 可愛插畫集	鉛筆等著	220 元
2. 人物插畫集	鉛筆等著	180 元

·勞 作 系 列· 大展編號 35

1. 活動玩具ＤＩＹ	李芳黛譯	230 元
2. 組合玩具ＤＩＹ	李芳黛譯	230 元
3. 花草遊戲ＤＩＹ	張果馨譯	250 元

·元 氣 系 列· 大展編號 36

1. 神奇大麥嫩葉「綠效末」	山田耕路著	200 元
2. 高麗菜發酵精的功效	大澤俊彥著	200 元
3. 綠茶治病寶典	桑野和民著	170 元
4. 靈芝治百病	陳瑞東 著	180 元

·健康加油站· 大展編號 361

1. 糖尿病預防與治療著	藤山順豐著	200 元

·女 性 醫 學· 大展編號 362

1. 女性的更年期	野末悅子著	200 元
2. 初次懷孕與生產	編輯組著	220 元

·心 靈 雅 集· 大展編號 00

1. 禪言佛語看人生	松濤弘道著	180 元
2. 禪密教的奧秘	葉逯謙譯	120 元
3. 觀音大法力	田口日勝著	120 元
4. 觀音法力的大功德	田口日勝著	120 元
5. 達摩禪 106 智慧	劉華亭編譯	220 元
6. 有趣的佛教研究	葉逯謙編譯	170 元

・經　營　管　理・大展編號 01

國家圖書館出版品預行編目資料

仰泳技術與練習／吳河海、譚政典　主編
——初版，——臺北市，大展，民 92（2003 年）
　　面；21 公分，——（運動遊戲；11）
　　ISBN　957-468-220-x（平裝）

1.游泳

528.96　　　　　　　　　　　92006576

北京人民體育出版社授權中文繁體字版

仰泳技術與練習

ISBN 957-468-220-x

主　　編／吳河海　譚政典
編 撰 者／吳河海　譚政典　狄建　陳武山　劉剛　呂鵬
責任編輯／王　勃
發 行 人／蔡森明
出 版 者／大展出版社有限公司
社　　址／台北市北投區（石牌）致遠一路 2 段 12 巷 1 號
電　　話／（02）28236031‧28236033‧28233123
傳　　眞／（02）28272069
郵政劃撥／01669551
E－mail／dah_jaan@pchome.net.tw
登 記 證／局版臺業字第 2171 號
承 印 者／高星印刷品行
裝　　訂／協億印製廠股份有限公司
排 版 者／弘益電腦排版有限公司
初版 1 刷／2003 年（民 92 年）6 月

定　價／180 元

大展好書　好書大展
品嘗好書　冠群可期

大展好書　好書大展
品嘗好書　冠群可期